CÓMO CAMBIAR TU VIDA

Otros libros de DR. ERNEST HOLMES

Como Usar la Ciencia de la Mente

Ese Algo Llamado Vida

Este Algo Llamado Tú

La Ciencia de la Mente

Lo Esencial de Ernest Holmes

Mente Creativa

Mente Creativa y Éxito

Palabras Que Sanan Hoy

¿Podemos Hablar con Dios?

Preguntas y Respuestas Sobre la Ciencia de la Mente
(por Alberta Smith)

CÓMO CAMBIAR
TU VIDA

por Ernest Holmes, PH.D.

Science of Mind Publishing
Golden, Colorado

Science of Mind Publishing
573 Park Point Drive
Golden, Colorado 80401-7402
www.scienceofmind.com

Diseño de portada y presentación de libro por
Maria Robinson, Designs On You, LLC
Littleton CO, USA

Impreso en los Estados Unidos de América
Publicado diciembre de 2018
ISBN libro de bolsillo: 978-0-917849-77-0
ISBN libro electronico: 978-0-917849-78-7

CONTENIDO / ÍNDICE

PARTE 1

Una simple explicación de por qué tus pensamientos tienen poder. Cómo cambiar tu vida cambiando tus pensamientos.

PARTE 2

Una mirada más profunda al poder de cambio de vida que tienes. Algunas perspectivas clave de Ciencia de la Mente.

PARTE 3

Ideas sobre la vida y sobre Dios que son esenciales para el entendimiento espiritual moderno. Citas de apoyo provenientes de los textos atemporales del mundo.

PARTE 4

Una Ciencia de la Religión y una Religión de la Ciencia

Cómo la ciencia y la espiritualidad, una vez vistas como antagonistas, se están acercando.

PARTE 5

Cómo Dar un Tratamiento Espiritual Mental

Instrucciones paso a paso de cómo usar la Ciencia de la Mente para tus necesidades personales.

PARTE 6

**Tratamientos Espirituales Mentales
para Tu Uso Personal**

Cuarenta guías inspiradoras para resolver problemas y cambiar tu vida. Seguidas de afirmaciones de aplicación específica.

Ideas Básicas de la Ciencia de la Mente

*Una simple explicación de por qué tus
pensamientos tienen poder.
Cómo cambiar tu vida cambiando tus pensamientos.*

CAPÍTULO I

¡Tus Sueños Pueden Hacerse Realidad!

¡Todo ser humano se emociona ante la idea de hacer realidad sus sueños! Esta idea significa cosas diferentes para cada persona. Para ti puede significar salud física: la habilidad para caminar, correr, jugar, estar activo. Para mí, puede significar abundancia: dinero, una casa, un carro llamativo. Para otros, los sueños pueden involucrar educación o la habilidad para llevarse bien con la gente. Cualquiera sea tu deseo, tienes el derecho de cumplirlo *y puedes hacerlo,* siempre que éste no te haga daño o dañe a alguien más.

La habilidad para alcanzar tus objetivos, para controlar tus experiencias y hacer que te brinden resultados en forma de felicidad, prosperidad y éxito, yace en tu propia mente y en la forma en que la usas. Esto quiere decir que *tú controlas tu propia experiencia,* que realmente eres responsable de tus propios asuntos y de la manera en que se desenvuelven.

Resumámoslo de esta manera: *Mi pensamiento controla mi experiencia y yo puedo dirigir mi pensamiento.*

Léelo otra vez, y ahora dilo en voz alta. Es un enunciado impresionante y al principio puede parecer descabellado. Pero tú eres una persona reflexiva con una mente amplia, lista para escuchar lo que podrías no entender inicialmente, incluso aquello que podría no parecer totalmente creíble, y por lo tanto, estarás dispuesto a considerar ese enunciado y a escuchar las razones que lo sustentan. Ciertamente, no tienes que creerlo o desear hacerlo hasta haberlo investigado, hasta haber escuchado los argumentos a su favor, y hasta haber observado si funciona para ti, o no, después de haberlo puesto a prueba de forma razonable. Esa es la manera en que una mente inteligente enfrenta toda nueva idea.

Nadie puede forzar a alguien a creer en algo, nadie tiene el derecho de intentar hacerlo siquiera. Solo después de haber llevado a cabo, por nuestros propios medios, la investigación y las indagaciones intelectuales apropiadas, podremos decidir honestamente si aceptamos o no aquello que se nos presenta. No vamos a permitir que se nos obligue a nada que nuestro propio buen juicio no apruebe. Sin embargo, nuestro buen juicio no puede inclinarse en ningún sentido completamente hasta que hayamos sido razonables en nuestros esfuerzos por entenderlo y rigurosos en nuestros esfuerzos por comprobarlo, *de manera de saber realmente si funciona para nosotros.*

Si creciste en un entorno cristiano en tu casa y en la iglesia, probablemente tengas una sensibilidad especial ante todo lo que suene religioso. Seguramente te inclinarás a decir: "No quiero que nada perturbe mi fe en Dios como la Providencia Suprema, y en Jesús como El Camino para los hombres y las mujeres, con su aplicación práctica de una vida amorosa y útil, y su conquista triunfante incluso sobre la misma muerte".

La respuesta que la Ciencia de la Mente sugiere es: "¡Tienes toda la razón!"

De otro lado, si has vivido alejado de las actividades de la iglesia y asociaciones, o si has sentido que no se ajustan a tu manera de pensar y deseas algo que sostenga tu pensamiento y tu fe, algo que proponga un concepto claro del ordenado mundo de la ciencia en el que prevalecen el orden y la ley natural, entonces decimos: "Ese es un punto de vista racional y creemos que encontrarás mucho valor e interés en la Ciencia de la Mente".

Es posible también que simplemente seas un hombre o una mujer muy ocupado, que desea una vida plena, exitosa y con un sentido de seguridad. Si vas a dar tu atención a una nueva forma de pensar, tendrá que ser a algo que tenga sentido y que puedas aplicar a tus asuntos cotidianos, porque sabes que funciona.

Esta es una actitud realista y razonable según el punto de vista de la Ciencia de la Mente.

Algo para Ti

Entonces, si un entendimiento particular de Dios se ajusta a tus necesidades cotidianas en un mundo de asuntos prácticos, tú lo quieres. Si algún sistema de razonamiento se adapta a tu entendimiento intelectual y a tus conocimientos científicos más agudos, éste te es de interés. Si puedes encontrar algo que satisfaga para ti el hambre más profundo, ésa que yace en el corazón de todas las personas (ya sea que reconocen esa hambre o no), estarás tan ávido como todos los demás por encontrar esa satisfacción. Tienes necesidades prácticas cotidianas que deben ser cubiertas, demandas intelectuales que buscan ser saciadas racionalmente y sinceros deseos espirituales que deben satisfacerse. Esto es verdad para todos. Tú no eres la excepción.

Ahora que contamos con una base para un entendimiento mutuo y la disposición para mirar hacia una nueva manera de pensar, regresemos a nuestro enunciado anterior, engrandezcámoslo, y considerémoslo con mayor cuidado:

La habilidad para controlar mis experiencias y hacer que tengan como resultado la felicidad, la salud, la prosperidad y el éxito, yace en mi propia mente y el uso que yo le dé.

¿Cómo Puede Ser Esto Cierto?

La ciencia física ha comprobado que todo puede ser reducido científicamente a una Esencia invisible, que no puede ser percibida con los sentidos físicos. Es razonable decir entonces que todo debe haberse originado a partir de esa Esencia. Esta recibe diferentes nombres, según cada manera de pensar: Energía, Principio, Inteligencia Universal, Mente Universal, Consciencia, Espíritu, Dios.

No es particularmente relevante para nuestro propósito el nombre que utilicemos. Llamémosle *Mente*. Este término probablemente tenga el significado más amplio para nosotros, sin muchas ideas limitantes relacionadas a él.

Los científicos nos muestran que la Energía –un aspecto de la Mente– es intercambiable con la Sustancia, y está en todo: en nuestro interior, alrededor de nosotros, llenando todo el espacio, hasta los confines ilimitados del universo.

Se nos ha dicho que todo lo que podemos ver, tocar, oler, saborear o percibir de alguna forma física es un aspecto de esta Energía Universal o Mente, que ha sido canalizado hasta llegar a una forma específica y tangible, perceptible para nuestros sentidos.

Por ejemplo, en un día de verano, un vapor visible sube del océano y se eleva muy alto en el cielo. Al hacer contacto con aire de diferente temperatura, éste se convierte en una nube. Si el aire frío lo condensa aún más, se convierte en gotas de lluvia que ayudarán luego a llenar un lago. En el invierno se da un cambio más profundo, y en lugar de gotas de lluvia, el vapor se convierte en copos de nieve. El invierno hace que el agua del lago se convierta en hielo. En cada una de las instancias solo tenemos *ese vapor original,* a pesar de haber tomado diferentes formas captadas por nuestros sentidos. De manera similar, la Mente Universal, a pesar de ser siempre básicamente la misma, toma muchas apariencias diferentes.

La Mente Está en Todos Lados

La famosa ecuación de Einstein, E=mc2, revolucionó y aclaró mucho el pensamiento científico, y al mismo tiempo allanó el camino para el establecimiento de fundamentos más sólidos para el pensamiento filosófico y religioso. En esencia, esto significa que la energía y la masa son una y la misma, y que son intercambiables. Desde nuestro punto de vista, esto significa que, actuando como Energía, la Mente-Dios se convierte en lo que llamamos mundo físico de acuerdo a la ley. *Son uno y lo mismo* (a pesar de que Dios, siendo infinito, no podría ser consumido nunca por lo creado). Podríamos declarar razonablemente, que todo lo que alguna vez existirá, tiene que provenir también de Dios. De hecho, no existe nada más desde donde algo pueda ser creado.

¡La mente está en todas partes! Después de todo, esto es lo que se nos enseñó cuando éramos niños: "Dios está en todas partes". Ese enunciado puede no haber significado mucho para nosotros entonces, pero ahora sabemos que esta mente Universal está en todas partes... *¡y por lo tanto está en nuestro interior!*

No puede haber una excepción para ese *estar en todas partes*. Esto nos da una pista de lo que la naturaleza completa de la Vida es, y nos permite entender que no solo nuestras mentes individuales son expresiones y parte de la Mente, sino nuestros cuerpos también lo son.

Cómo Utilizar Esta Nueva Consciencia

Al inicio de este sistema terrenal nuestro, no debe haber habido nada más que la gran Mente Universal –Dios– y a partir de Ella se formó el universo tangible.

A aquellos de nosotros con antecedentes cristianos, se nos enseñó que Dios –la Mente Universal– es omnipresente, y que también nosotros somos creados a Su imagen y semejanza. Así concluimos que *nosotros, a nuestro nivel, tenemos una creatividad similar a la de la Mente Universal*. Nosotros creamos todo lo que deseamos en nuestra experiencia: salud, felicidad, prosperidad, trabajo –todo el bien que necesitamos– a través del proceso de nuestro pensamiento constructivo, por medio del cual actúa la ilimitada creatividad de la Mente, configurando nuestro objetivo deseado. La única forma en que podemos usar constructivamente la creatividad de esta Mente invisible pero presente en todos lados, *es mediante el pensamiento, la fe y la convicción – ¡y nada más!*

Tienes el Derecho de Crear

Hoy en día, la vieja idea de ser parecidos a Dios, el concepto de ser hechos a su imagen y semejanza, aplica de una manera nueva y muy importante. Ya que somos creados de aquello de lo que Dios es –Mente– estamos hechos de las cualidades de Dios y las poseemos, y tenemos el derecho y la habilidad de desarrollarlas y utilizarlas. De hecho, es *necesario* que lo hagamos para poder expresar totalmente la Vida que habita en nosotros mismos. Más adelante discutiremos estas cualidades, pero ahora nuestro interés radica en el aspecto creativo de nuestras mentes.

Lo que tú escojas es creado para ti, a partir de (y por medio de) la acción y la esencia de la Mente Universal Única, que está en todas partes y que es accesible a ti. ¡Tú aprovechas la Acción Creativa de la Mente a través de *lo que crees!* Tal vez no estés completamente listo para aceptarlo, pero éste es un enunciado interesante y uno que vale la pena recordar.

¿Cómo Aprender a Creer?

Primero, debes recordar que puedes pensar exactamente lo que tú quieras. Nadie puede dirigir los procesos de tu pensamiento. Está bajo tu control.

Alguien podría decir: "Debes pensar como un republicano", o "Debes tener el pensamiento de un demócrata", o "La manera de pensar de mi iglesia es la única correcta", o "Cuando veas una pizarra debes pensar que está en blanco". Todo esto es ridículo. Tal vez tengas que hacer que tus *acciones* se adecúen a lo que te dicta la autoridad, pero la autoridad simplemente no puede controlar tus *pensamientos*. Vas a seguir pensando exactamente como tú quieras pensar. De esa manera, tú eres independiente, sin importar dónde vivas y cuáles sean tus circunstancias.

Si los procesos de tu pensamiento están realmente bajo tu control personal, como estarás de acuerdo que debe ser, y si los pensamientos son llevados a la acción por la creatividad de la Mente para producir resultados según tus creencias, entonces seguramente sí tienes el poder de convertirte en el amo de tus propios asuntos y de hacer que se den esas condiciones favorables que deseas.

Esto confiere mucha importancia y practicidad a las ideas de la *omnipresencia de* Dios y al *estar hechos a imagen y semejanza de Dios,* más allá de la que tienen como conceptos teológicos abstractos. Se convierten en verdades importantes que son parte de tu vida cotidiana y por lo tanto, son de la mayor relevancia para todos los aspectos prácticos de la vida.

Tengamos presente que no solo tenemos la habilidad conferida por Dios para llevar a cabo este tipo de pensamiento orientado a resultados, sino que tenemos también el *derecho* a pensar así. Hay muchos otros aspectos relacionados al Poder de Dios en tu interior, pero éste *–el derecho, la habilidad y el poder de "pensar creativamente" para poder tener más experiencias deseables–* es tan impresionante y tan importante, que debería ser la base de tu vida. Incluso si no logras aceptar o entender aún este enunciado, tú puedes empezar a ponerlo en práctica por ti mismo. ¡Puedes empezar ahora mismo a hacer que funcione!

¡Él Cambio Su Vida!

Una historia real cuenta de un hombre de una ciudad oriental, que tuvo el mismo trabajo por veinticinco años con un salario muy modesto. Se sentía profundamente insatisfecho, quería salir de este hastío, pero no sabía cómo hacerlo. Cuando aceptó unas cuantas ideas, simples pero profundas como éstas, empezó a darse cuenta de que tenía el derecho y la habilidad para declarar mejores condiciones para sí mismo. En menos de un mes desde que empezó a pensar de esta manera, y a actuar según esta nueva manera de pensar, su salario creció hasta triplicarse.

Solo vislumbrando la verdadera naturaleza de la Mente –el Poder de Dios en nuestro interior– y usándolo, los resultados que se obtienen son realmente asombrosos. Físicamente, financieramente, socialmente, intelectualmente y espiritualmente, aprender sobre los principios del pensamiento creativo y la manera de usarlos, rinde frutos. Un estudiante que lleva a cabo un experimento válido en un laboratorio, no se da por vencido si falla, sino que sigue intentándolo hasta que logra comprobarlo por sí mismo. ¿No deberíamos ser también así de persistentes al poner a prueba estas leyes científicas de la Mente? Nuestro bienestar personal exige iniciativa y experimentación continua y persistente.

Existe solo Una Mente. Esta es Omnipresente –Es todo lo que hay. Todo lo visible e invisible es manifestación de esta Mente Única –el resultado de Su Acción Creativa y la consecuencia de eso que Ella crea. Siendo creado a la imagen y semejanza de Dios, *tú* puedes usar tu mente conforme a su naturaleza, y escoger atraer el bien a ti.

Una Imagen de Tu Mente

Ahora examina el diagrama que se encuentra abajo y piensa en él como una representación del universo entero –todo lo que es. Todo es Mente.

Para hacerlo más claro, lo dividimos en tres secciones, ¡pero es todo Mente!

A la Parte I podemos llamarle Mente Consciente. La Mente Consciente es la facultad con la que piensas y planificas; con ella tomas consciencia de ideas, las analizas, tomas decisiones, y llevas a cabo procesos mentales. Pensemos en ella como el supervisor de una planta de producción manufacturera, que piensa lo que se debe hacer y da instrucciones para hacerlo.

Sin embargo, es evidente que nada se lograría si algún departamento no toma esas instrucciones y las ejecuta. Por lo tanto, la Parte II es el aspecto de la Mente que obedece las instrucciones de la Parte I. Piensa en ella como la planta manufacturera en sí misma, donde las instrucciones son tomadas en cuenta y desarrolladas. Desde el punto de vista de la Ciencia de la Mente, a ésta la llamamos la Mente Subjetiva, la Ley que actúa y crea automáticamente según las instrucciones dadas. Esta obedece las instrucciones dadas por la Parte I. Sin la Parte I, no sería de ninguna utilidad porque carecería de instrucciones a seguir. Sin la Parte II, la Parte I sería inútil porque no tendría quién o qué reciba las instrucciones y las lleve a su cumplimiento. Una parte es, por lo tanto, tan importante como la otra.

Ahora observa la Parte III y date cuenta que es la única parte del universo que puedes experimentar –ver, tocar o contactar con tus sentidos físicos. Es el ámbito de las cosas y de las condiciones tangibles. Aquí se encuentran los resultados de lo que fue indicado por la Parte I y ejecutado por la Parte II. Las Partes I y II instigan y ejecutan; la Parte III es el resultado o efecto.

Observa en el diagrama la pequeña porción delimitada como "Yo". Nota que tú también posees los tres aspectos de la Mente: dirección, creación y resultado.

Recuerda:

1. Todo es Mente, y tú eres por lo tanto parte de ella.

2. La mente responde y produce según *tu* pensamiento y sus creencias.

3. Tú tienes el derecho y el poder de pensar lo que quieras pensar; por lo tanto, tú puedes crear condiciones favorables para ti y para el resto.

4. Así, tú controlas tu propio bien y puedes transformar tu vida en una experiencia de felicidad, salud y prosperidad.

1
Mente Consciente
Sabio Pensamiento
ESO QUE DIRIGE

TÚ

2
Ley
Medio Creativo
Mente Subjetiva
ESO QUE
OBEDECE Y
CREA

3
Mundo Físico
Condiciones y
Experiencias
ESO QUE ES
CREADO

PREGUNTAS PARA EL AUTO-ANÁLISIS Y PARA UN MAYOR ENFOQUE

(Cada capítulo de la Parte I de este libro lleva preguntas al final. Estas preguntas han sido diseñadas para ayudarte a aplicar los principios de Ciencia de la Mente en tu vida, de una manera directa y personal. Tienes espacio para escribir tus respuestas directamente en el libro. Esto te ayudará a profundizar tus estudios y a contar con futuras referencias).

1. *¿Qué es lo que la persona promedio busca obtener al estudiar la Mente Universal?*

2. *¿Qué es lo que deseo yo en particular al leer este libro?*

3. *¿Por qué es importante para mí la idea de la Omnipresencia de Dios?*

4. ¿Cómo ha ayudado la ciencia moderna a entender la manera en que podemos controlar las condiciones?

5. ¿Qué ha sido lo más importante para mí de este capítulo?

6. ¿Puedo ver con claridad alguna cosa o condición en mi vida que sea un resultado directo de mi pensamiento?

CAPÍTULO 2

Tu Mente, Tu Salud

Lo primero que debes hacer a estas alturas es darte cuenta que puedes alcanzar una salud rebosante por medio del pensamiento correcto. Justo al principio –en este momento– un estado de expectativa es un gran capital; un estado de incertidumbre – un solo momento pensando "tal vez" y un siguiente momento pensando "no lo sé"– no nos dará los resultados deseados. Ni siquiera Dios puede darte algo hasta que tengas claro qué es lo que esperas en tu mente.

El principio que se involucra en este enfoque hacia el bienestar puede resumirse en la frase: la *Mente responde a la mente.* Se te da conforme crees. Por lo tanto, tus condiciones corporales son gobernadas por tus procesos de pensamiento (una idea corroborada ahora ampliamente por la medicina psicosomática).

Toma nota del diagrama ubicado al final del capítulo anterior para entender este principio y poder aplicarlo. Llamamos a la Parte I la Mente Consciente, ese aspecto de la Mente con el que llevamos a cabo nuestro pensamiento y razonamiento.

Nos referimos a la Parte II como la Mente Subjetiva. Subjetivo significa "bajo la dirección de" y eso es cierto sobre esa parte de la Mente que actúa como Ley –es el Poder creativo, obediente, formativo (aunque esto no significa que sea menos importante, en lo más mínimo). Debemos siempre recordar que todo lo que existe es Una Mente Universal. Cada uno de nosotros usa una parte de Ella. Realmente, cada uno de nosotros *es* una parte de Ella, porque todo es Mente. Designar Sus diferentes habilidades simplemente nos permite entender con mayor facilidad las maneras en que funciona, y usarla de manera más inteligente.

Nuestros Cuerpos Funcionan Automaticamente

Para considerar la creación de la salud por medio del pensamiento afirmativo, debemos primero, asumir que el cuerpo es construido y mantenido automáticamente conforme a la Ley Universal. La Ley está siempre trabajando en sustentar la idea perfecta de la salud de Dios. Nos mantiene respirando, a nuestros corazones palpitando, toma nuestra temperatura, circula nuestra sangre, digiere nuestra comida, elimina nuestros residuos, y hace todo lo que mantiene nuestra maravillosa e intrincada maquinaria del cuerpo operativa. La Ley Universal es mucho más sabia que cualquier químico en el mundo, y está siempre en funcionamiento. Nunca duerme, y durante *nuestro* sueño la Ley se hace cargo de todas nuestras necesidades físicas y nos pone en buenas condiciones para enfrentar las actividades de las horas de vigilia siguientes. Definitivamente, le debemos mucha gratitud a esa obediente Ley de la Mente en Acción. Es eminentemente sabia de mil maneras porque hace muchas cosas que nosotros no conocemos lo suficiente bien como para dirigirla.

El Valor del Hábito

Sin embargo, hay una segunda manera en la que funciona la Ley y es actuando a través de nuestros hábitos. Un hábito es el resultado de algo que hemos hecho con atención deliberada y esfuerzo consciente, tantas veces que no necesitamos pensar específicamente en eso al hacerlo. Por lo tanto, la Ley de la Mente responde a una idea persistente y la mantiene automáticamente. Podemos hablar y caminar y hacer una serie de cosas de naturaleza laboral o lúdica mientras seguimos pensando en otras cosas. Pero no podíamos hacerlo al principio; tuvimos que formar patrones de pensamiento persistentes antes de que esas actividades pudieran liberarse de nuestra atención consciente. En materia de hábitos, hallamos que esta función tan adaptable y cómoda de la Mente, aceptará cualquier patrón de pensamiento que le demos de forma persistente, y de ahí en adelante mantendrá este patrón para nosotros.

Somos razonables y sabios al entregar a Su cuidado aquellas cosas que nos pueden ser de provecho. Hay muchas actitudes y actividades en las que deberíamos ser más competentes y que nos llevarían a ser compañeros más agradables, trabajadores más capaces, individuos más felices –más hábiles, adaptables y eficientes. Así podríamos ser más saludables y más prósperos, y podríamos progresar en nuestro propio bienestar de muchas formas, *simplemente decidiendo qué es lo que queremos ser o hacer,* y luego dando al asunto la suficiente atención consciente como para que se convierta en un patrón de pensamiento habitual. Entonces, la Ley de la Mente lo mantendrá por nosotros, dado que la Ley de la Mente obedece a la dirección consciente.

Observa Tu Ambiente Mental

Ésta es una frase que describe una de las más grandes, importantes y valiosas maneras en que funciona nuestro pensamiento: *la Mente responde a la mente.* La Mente es Inteligencia, y por supuesto, la Inteligencia responde a la inteligencia. Podemos poner este principio en operación en relación a nuestra salud, ya sea para prevenir una enfermedad o para sanarla una vez que se haya desarrollado.

Todos sabemos que millones de células del cuerpo son reemplazadas a diario en el proceso de la vida. Millones de células nuevas están constantemente creciendo al interior de nuestros cuerpos y ellas adoptan automáticamente el "ambiente" del entorno en que se encuentran. La atmósfera o el tono del cuerpo puede ser saludable, alegre, optimista y, por lo tanto, sano –o lo opuesto: sombrío, aprehensivo, asustado, miedoso, ansioso, descorazonado, débil y enfermizo. Este *ambiente* es la suma total de la forma en la que nos permitimos pensar y sentir. Tal vez estemos realmente enfermos. De ser así, es especialmente necesario que demos a las nuevas células de hoy un ambiente adecuado, saludable, alegre, para vivir y trabajar, porque al hacerlo por lo menos damos un buen ordenamiento a esa parte de nuestro sistema. Si podemos mantener un ambiente mental positivo, las células nuevas de mañana, sumadas a la provisión de hoy, propiciarán una recuperación más rápida.

Los científicos aseveran que en solo once meses todas las células de nuestros cuerpos se regeneran. Por lo tanto, usando el pensamiento día tras día podemos sumar a nuestra experiencia de salud e integridad, y de esta manera liberar de enfermedad a todo el cuerpo. Existen muchas pruebas de carácter médico que sustentan el efecto de los pensamientos sombríos y ansiosos en el bienestar general y en las funciones del cuerpo... y también existen pruebas que sustentan el poder sanador del pensamiento afirmativo. Esto no es nada que debamos aceptar con fe ciega; es conocimiento científicamente verificable.

Las creencias que hemos aceptado –a las que la Ley responde de manera automática– están siendo manifestadas continuamente en nuestra experiencia. Los resultados son la buena salud o la enfermedad, dependiendo de lo que hayamos creído. Dependiendo de este principio, y de cómo lo entendamos, podremos mantenernos sanos, felices y libres de enfermedades; o si hemos caído en la enfermedad, podremos atraer la sanación necesaria. Si la Ciencia de la Mente hiciera solamente esto por nosotros, ésta sería por sí misma, una bendición enorme.

Expandiendo Nuestra Perspectiva

Hasta el momento, hemos estado considerando esto desde un punto de vista muy limitado como si nos estuviésemos conteniendo en ese pequeño círculo del diagrama que se muestra en el primer capítulo. Pero necesitamos recordar que el círculo realmente no existe, que no hay una barrera entre nosotros y la Mente Universal, Dios. Recordemos que somos expresiones finitas, distintas y particulares de Dios, individualizaciones de Dios, ¡y que tenemos acceso a toda la Sabiduría y el Poder del Dios!

Para poder materializar cualquier resultado deseado, debe haber un patrón de pensamiento particular por medio del cual ese resultado pueda manifestarse. *¡El patrón de pensamiento es creado por la forma en la que piensas!* ¡Tu propio pensamiento es el creador de tu experiencia! La Mente Universal ilimitada en ti, como tú, piensa y habla y crea tu bien *a través* de ti –cuando eres lo suficientemente sabio para permitirle hacerlo.

Ahora puedes declarar tu salud porque sabes que eres del Infinito. Puedes estar seguro de obtener resultados perfectos porque lo que llamamos "tu mente" es una individualización de la Mente Única y posee Su creatividad. La Mente de Sabiduría Total y de Poder Total fluye creativamente a través de ti y puede, por medio de tus creencias y pensamientos, cubrir tus necesidades y proveerte una experiencia de bien mayor.

Ejemplos de Pensamiento Afirmativo

Cualquiera que observe con detenimiento, pronto habrá acumulado amplia evidencia para sustentar que la enfermedad del cuerpo es producida por pensar de manera incorrecta y que puede sanarse pensando de manera *afirmativa*.

La Revista de Medicina Británica ha dicho: "No hay un solo tejido en el cuerpo humano que no esté bajo la influencia del espíritu".

El Cirujano en Jefe y Superintendente del Sanatorio Clifton Springs en Nueva York, dijo: "Una gran mayoría de los casos quirúrgicos que han llegado a mí no debieron haber nunca llegado. Se les podría haber detenido. Una moral y actitudes mentales incorrectas crearon disturbios funcionales en los organismos físicos y estos a su vez se convirtieron en enfermedades orgánicas y estructurales. A estas alturas los recibo ya como cirujano pero pudieron haber sido evitados...".

E.A. Strecker, en su libro *Higiene Mental*, dice: "El 50 por ciento de los problemas de los estados agudos de la enfermedad, y un 75 por ciento de las dificultades de la convalecencia, tienen su origen primario en la mente del paciente, no en el cuerpo".

El Dr. Franz Alexander ha dicho: "La hostilidad reprimida por años, como en un volcán que ebulle sin llegar a erupcionar, es la causa fundamental de la presión alta maligna, para la que no se ha encontrado nunca una causa física".

Un doctor cuenta de una mujer a la que le desagrada enormemente su yerno, pero que visitaba a su hija en su casa una vez al año para poder verla. Cada año al visitarla, sufría de artritis, pero al regresar y alejarse del yerno, se curaba.

Pueden darse cientos de ejemplos de este tipo, pero no nos benefician mucho si no *probamos el principio por nosotros mismos*. La Ley de la Mente en acción manifiesta por nosotros las creencias que le enunciamos. Cuando entendemos que existe una Ley inequívoca que está en funcionamiento, es mucho más fácil tener la fe necesaria para obtener la sanación. Recuerda, somos seres espirituales. El verdadero "Yo", nuestra individualidad especial, es el Dios en nosotros, como nosotros.... y como tal debe ciertamente ser perfecto. Este "Yo" funciona a través del intelecto, las emociones y el cuerpo –todas partes del único Todo indivisible.

Ideas para Que Uses Ahora

Los siguientes simples procedimientos, practicados a diario de una manera persistente, alegre y expectante, producirán en el corto plazo un efecto positivo en tu salud:

Trata de separar un momento en la mañana y en la noche para estar en calma, para comunicarte con tu *verdadero* ser. Estos serán los períodos en los que aclaras tu ambiente mental. Relájate físicamente tanto como puedas, pero ni la posición que tomes, la silla en la que te sientes o la sala en la que estés, tienen nada que hacer con el verdadero trabajo que estás haciendo. Simplemente prevé que no haya ninguna incomodidad física mientras intentas dirigir tu pensamiento.

Cuando haya empezado a disolverse la tensión del cuerpo, consecuencia trágica de nuestro ansioso estilo de vida, di con convicción y sentimiento:

Soy fuerte y libre por medio de la Acción de Dios en mí.
Estoy bien y soy exitoso en todo lo que hago.

Repítelo hasta que sientas que te invade la emoción. Es un tónico maravilloso.

Después de eso, pasa diez minutos pensando en algo que hayas leído en este capítulo, asimilándolo de manera más completa... o toma un momento para orar en silencio, sin *pedir* cosas o condiciones sino enunciándolas, *aceptándolas* como tuyas, y dando *gracias* por ellas.

Todo este procedimiento te tomará unos veinte minutos. ¿Pero valdrá la pena? No empezarías el día sin una cantidad adecuada de gasolina y aceite en tu carro, ¿verdad? ¿Por qué empezar tu día entonces sin darte la provisión necesaria de lo requieres física, emocional y espiritualmente?

Un sentimiento de completo bienestar te invadirá al terminar este período de calma. Intenta ver si logras mantener este elevado nivel de consciencia a lo largo del día.

Sé Persistente

Incluso si este proceso no te impresiona los primeros días, síguelo de todas formas. Implica un cambio de todo tu estilo de vida, y requiere reeducar tu cuerpo, tus emociones, tu intelecto y tu perspectiva espiritual. Sé fiel a ti mismo. ¡Sigue haciéndolo!

Siembra muy profundo en tu mente estas cuatro ideas básicas:

1. Estás completamente rodeado por la Mente Universal y eres parte de ella. La Mente penetra en tu ser más profundo; es lo que tú eres.
2. Esta Mente es siempre creativa, y manifiesta lo que tú piensas y crees, como forma o como alguna experiencia.
3. La Mente Universal responde a tu mente. La Mente crea para ti conforme al patrón que tú creas para Ella –con tus pensamientos de bien o de algo no tan bueno. Tu tarea, por lo tanto, es mantener solo pensamientos positivos y armoniosos, que te eleven.

4. Debido a esto, tú puedes escoger mantener tu buena salud o sanar si estás enfermo. De la misma manera, puedes escoger traer a tu experiencia cualquier otra condición provechosa.

Declarar tu buena salud es una de las mayores bendiciones que puedes disfrutar. Las simples explicaciones que se brindan aquí, tienen la intención de iniciarte en este tipo de declaraciones, porque ahora ya puedes empezar a entender lo que se necesita para atraer la sanación.

PREGUNTAS PARA EL AUTO-ANÁLISIS Y UN MAYOR ENFOQUE

1. *¿Cuál es mi entendimiento del principio, "la Mente responde a la mente"?*

2. *Enumera por lo menos seis cosas que hace mi Mente Subjetiva.*

3. ¿Cómo puedo controlar mi salud con el pensamiento?

4. ¿Estoy lo suficientemente interesado en mi buena salud que estoy dispuesto a pasar de cinco a veinte minutos todos los días construyéndola?

CAPÍTULO 3

Tu Pensamiento y Tus Finanzas

¿Te interesa ganar más dinero? ¿Te interesa que tu negocio tenga más éxito? ¿Tener un mejor salario? ¡Claro que te interesa! Quieres ser próspero y eso es correcto y lógico.

El dilema simple, práctico y cotidiano de hacer dinero es una parte definitiva de nuestra vida, y la solución se resume en las siguientes palabras: *La prosperidad espera ser reconocida y aceptada por nosotros.* Esta idea puede ser enunciada de otra forma: Tu éxito financiero ya existe, pero espera que lo veas y lo aceptes como propio.

Hasta este punto, en este libro, hemos descubierto que estamos rodeados de una Energía – Mente ilimitada, de la que todo está hecho. También hemos descubierto que la naturaleza del Universo es siempre tomar forma conforme a un patrón, por medio del proceso de la fe. A través de nuestras creencias y convicciones proveemos patrones para la manifestación de la Ley. Con frecuencia puede ser de ayuda asumir que el Universo es infinito, que siempre podemos tomar de Él cualquier bien deseado, y que no hay límite al bien que pueda manifestar. Cuando decimos que Él "espera nuestro reconocimiento", queremos decir que tan pronto como entendamos intelectualmente la naturaleza de la parte invisible de nuestro Universo y la manera en que éste funciona, y creamos en Él con todo el corazón, seremos capaces de utilizarlo de forma más efectiva.

Tienes Una Cuenta Bancaria

Si alguien te dijera que ha depositado mil dólares a tu nombre en cierto banco, pero tú no le creyeras, el dinero no te sería de ningún provecho, a pesar de necesitarlo. El dinero puede permanecer ahí, inútil e inerte, incluso si te estuvieses muriendo de hambre. Incluso, si *creyeras* en él pero no hicieras nada para darle uso, el dinero aún no te haría ningún bien. Para que te beneficies de tener ese dinero, necesitas ir al banco y empezar a sacarlo de esa cuenta. Es según este principio que deseamos que lo uses, porque ni siquiera tu entendimiento inteligente de la accesibilidad y la naturaleza ilimitada de la Creatividad infinita será de ningún provecho para ti, *a no ser que hagas un uso adecuado del mismo.*

¡Aprende a sacar fondos de tu cuenta bancaria espiritual! Por favor, ten claro que son espirituales... que todo –incluyendo el dinero– es Espíritu, Mente, Dios.... sea visible o invisible. ¿Recuerdas el vapor que se hizo agua? El mundo material es así. Todas las cosas tangibles que ves, posees o percibes, de alguna manera no son sino expresiones del Espíritu manifestándose según un patrón.

Si quieres más dinero, solo necesitas colocar tu pedido en este Almacén Cósmico para que una mayor provisión de bien se haga tangible en tu experiencia. Es importante que te *identifiques* a ti mismo con esa mayor fuente financiera que deseas, y no puedes hacerlo pensando que es imposible o poco probable tenerla, o lamentando no tenerla ahora. Por el contrario, ¡debes entrenarte a pensar en ella sintiendo que es razonable y naturalmente tuya ahora! El dinero en el banco es tuyo incluso si no lo has constatado aún; no tienes que detenerte y discutir contigo mismo sobre su valor o accesibilidad. De la misma manera, la esencia de la Mente Universal que lo Rodea Todo, está disponible para ti y se convierte en tu experiencia según el patrón que escojas. ¡Si escoges sea el dinero, dinero es lo que tendrás!

Cree Que Tu Bien Está Disponible

Sería de mucho provecho que dedicaras algún tiempo en tu rutina regular a ponerte en un estado mental de creencia *real* sobre tu cuenta bancaria espiritual. Solo hasta que realmente creas y sientas con todo tu ser que tu bien está disponible para ti –cuando lo *aceptes* y *sepas* que es tuyo– ¡entonces lo será!

Cuando crees que algo bueno es tuyo, el Universo no tiene otra opción que responder a esa creencia. Esto involucra un proceso de identificación por el cual tú no solo crees en tu bienestar financiero, sino que actúas como si fuera tuyo *ahora*.

Cuando tienes una buena cuenta bancaria, es cierto que tú no actúas como alguien pobre. ¡Por supuesto que no! Todas tus actitudes indicarán que eres financieramente exitoso porque te has identificado con la prosperidad. Todos los que te vean tendrán de inmediato esta impresión. Entonces, puedes empezar a actuar de esa manera *ahora*, sabiendo que tienes acceso al Almacén Universal que es ilimitado.

Haz Que Tu Base Sea Sólida

Para concretar tu bienestar financiero –es decir, traerlo del ámbito invisible de la mente al visible tangible de tu experiencia– hay ciertos pasos que necesitas seguir:

En primer lugar, debes *creer* consistentemente en su existencia. Cuando de verdad lo *esperas*, estás ya encaminado a encontrarlo a mitad de camino. Esta forma de expectativa verdadera es la prueba más elevada de la fe.

En segundo lugar, necesitas saber que tienes el *derecho* y la *habilidad* para declarar el éxito financiero para ti mismo –aceptar la Acción Creativa de la Mente de esta forma en particular– y también necesitas saber que tienes las competencias y las habilidades prácticas para producir las cosas que la gente quiere y por las que pagaría con gusto. La gente sabia nunca declara su bien venidero y luego se sienta ociosamente a esperar que llegue. Usa cada mínima parte de su conocimiento, iniciativa y destreza –la Acción de Dios en ellos– para hacerse tan útiles y valiosos que la recompensa financiera fluye hacia ellos automáticamente.

Algunas personas pueden tener una necesidad imperiosa de dinero y no tener un puesto de trabajo en el que puedan percibirlo. Si éste es tu caso, sigue buscando oportunidades para ti, pero hazlo solo como un asunto secundario. Tu tarea es entender la Actividad de la Mente y el uso creativo que le des. Cree en Ella, declara en Ella y acepta la respuesta. Sé consciente que tu "orden" ha sido recibida y se está concretando. Con esto implantado firmemente en tu mente, serás guiado correctamente cuando buscas trabajo, hacia maneras de incrementar tu actividad económica, hacia espacios mayores para expresar tus destrezas, o hacia cualquier otro bien que desees.

Expresión por Medio del Servicio

Si desde el principio tienes éxito en encontrar un trabajo, nuevos planes, o cualquier otra cosa que hayas deseado específicamente, entonces asegúrate de llenar por lo menos parte de tu tiempo dando servicio y ayudando a otros. Es necesario que te expreses a ti mismo por medio de una iniciativa valiosa, porque la Vida es acción, y debes ser creativo de alguna manera. De hecho, podrías sorprenderte mucho al descubrir que el servicio amable, generoso, sin fines de lucro, es justamente lo que echará a andar las actividades que resultarán en el trabajo que deseas, el incremento en tu actividad económica, o cualquier otra actividad financiera que deseas.

Lo mismo es cierto con respecto a la donación de dinero. ¡Regresa con una certeza y puntualidad que impresiona! Hay cientos de necesidades muy grandes en el mundo hoy en día, donde cada dólar que puedas aportar servirá un propósito valioso. No debes dejar ir tu dinero descuidadamente, pero cuando sepas de una buena causa que se está llevando a cabo de manera correcta y que requiere de tu ayuda, te haces una injusticia a ti mismo si no contribuyes con ella.

Ya sea grande o pequeño el monto de efectivo del que dispones, lo que das a otros parecerá que temporalmente merma tus ingresos –deja un vacío. Y puede ser trivial decir que "la naturaleza aborrece el vacío", pero es un principio de vital importancia para este tema. Cuando das con inteligencia y generosidad desde lo que tienes, para el bien de otros, puedes estar absolutamente seguro que *¡habrá una respuesta espiritual, y un bien concreto vendrá corriendo a ti para llenar ese vacío!*

Una Consciencia de Riqueza

Sean tus fondos grandes o pequeños, necesitas extraer de ellos todo el placer y la satisfacción que puedas. Esto no es posible si temes gastar. Si cuentas tu dinero con demasiado cuidado, si te limitas innecesariamente porque no sabes cuánto dinero tendrás después, estás restringiendo tu bien. Si vas a ser rico de manera concreta, debes primero ser rico en consciencia y tener la *sensación* de la abundancia.

Debes permitir que el sentido común guíe tus gastos en todo momento, pero obtén toda la felicidad y satisfacción que puedas de cada dólar que gastas. Si estás pagando un alquiler, comprando comida o ropa –lo que sea– estás usando tu dinero para obtener algo que deseas más que ese dinero, si no, no lo estarías usando de esa forma. ¡Alégrate de lo que estás haciendo! ¡Nunca jamás des tu dinero en pago por algo con resentimiento!

Si tu mejor juicio te sugiere hacer una compra, haz que esa transacción sea una de buena voluntad, sea ésta grande o pequeña. Y vale la pena cultivar el hábito de bendecir silenciosamente tu dinero al entregarlo, porque lleva con él el valor intangible que atraerá buenas cosas a ti otra vez. Aprende a bendecir tus billetes al pagar con ellos; ellos representan el bien que has recibido, y expresan la fe que otros tienen en ti.

Desea lo Más Grande para Ti

Puede que desees usar dinero con un fin en particular, pero te preguntas si es correcto hacerlo. "¿Soy egoísta al usar mi dinero en esto?", te preguntas. Hazte este examen: "¿No será bueno acaso para mí, y así no seré yo de mayor ayuda, inspiración, motivación o ayuda práctica para otros? De ser así, es lo correcto. Si por medio de mí un bien mayor puede llegar a otros, ese dinero será gastado sabiamente". Si deseas gastar dinero en algo que te iniciará en un servicio nuevo y valioso, a pesar de estar usando tu último dólar, úsalo sabiamente, libremente y alegremente.

Dar el paso con valor y hacer lo que puedas... con calma, fe, habiendo hecho tu pedido a la Creatividad Universal, y utilizando tu acción inteligente para darle seguimiento... te traerá la abundancia financiera que deseas.

Tu Derecho al Éxito

La Ciencia de la Mente enseña una forma de pensar que te hace consciente de principios espirituales en los que puedes apoyarte. La Ciencia de la Mente muestra cómo utilizar la Ley de la Mente, cómo pensar efectivamente (orar afirmativamente) para alcanzar lo que necesitas, para hacer tu vida plena, exitosa y buena. Enseña que tus oraciones son siempre escuchadas si son declaradas con sinceridad, si crees en ellas y actúas según ellas con sentido común y practicidad. Ella declara que tienes el perfecto derecho de usar la creatividad de tu mente para proveer finanzas abundantes que permitan tener una experiencia de vida más completa y rica.

¿Qué Has Hecho?

¿Tienes muchas ganas de tener éxito? Entonces pregúntate a ti mismo con candidez, ¿qué he hecho para conseguirlo? ¿He puesto el mi mejor esfuerzo a mi trabajo? ¿He desarrollado algo nuevo y único en el servicio que ofrezco, o en la actividad económica en la que estoy? ¿Me he hecho especialmente conocedor de un tema en particular, y estoy capitalizándolo? ¿Honestamente, estoy tratando de pensar cómo cubrir de la mejor manera posible las necesidades de aquellos con los que hago negocios, para que se beneficien al máximo? ¿Puedo ver cosas desde su punto de vista y adaptarme? ¿Estoy constantemente mejorando mis competencias, mis métodos y mi personalidad? *¿Qué he hecho para ganarme el éxito que deseo?*

En la parábola de los talentos, Jesús fue claro en expresar la necesidad de usar lo que poseemos. Un hombre dio a un sirviente cinco talentos; a otro, dos; y a otro más, uno. Al regresar, pidió el dinero y también que se le reporte sobre la manera en que había sido utilizado. ¡Debe haber sido con mucho orgullo y satisfacción que el hombre de los cinco talentos informó que había duplicado el dinero! De la misma forma debe haberse manifestado el segundo. Ambos habían usado el buen juicio y habían trabajado con laboriosidad. No habían desperdiciado el tiempo deseando ociosamente tener más dinero, sino que asignaron su energía a un buen propósito. Y así pasaron la prueba y se les otorgó posiciones de gran honor y responsabilidad; habían dado prueba de su iniciativa, voluntad, confiabilidad, y sentido de los negocios. Pero el hombre que no dio uso práctico a lo que tenía, un talento, vio cómo su amo al retornar, le retiraba ese único talento que le había dado. Es una buena lección para todos. Hazte la pregunta otra vez, "¿Qué he hecho para ganarme el éxito?"

Para alcanzar la prosperidad que deseas, debes:

Primero, entender que existe una Fuente Ilimitada que te rodea; sé consciente que tienes el derecho de tomar de Ella; cree en la respuesta que Ella siempre te da; y luego, *creyendo* en Ella, expresa tu deseo y acepta la respuesta. Esto te permite librarte de toda la ansiedad sobre el dinero y la fuente.

Segundo, cualquier acción que tomes debes tomarla con entusiasmo y energía. Esa es la parte que te corresponde para atraer tu prosperidad. Cuando hayas declarado tu bien, no debes tratar de descifrar *cómo* llegará a ti. Eso lo decide la Mente Universal y Ella es enteramente capaz de hacerlo. Nunca cuestiones el *cómo;* solo sé *consciente* que Ella lo hará, y que Ella funciona con inteligencia.

Recuerda:

1. Reconoce la verdad de la Abundancia Universal que te rodea.

2. Entiende y cree en la capacidad de respuesta inteligente y creativa de la Mente Única.

3. Reconoce tu derecho y habilidad para pronunciar tu palabra, creyendo en ella y sabiendo que la Actividad de la Mente, como Ley, manifestará el bien de tu elección.

4. Declara tu bien y conoce su manifestación. No permitas que haya duda o preocupación.

5. Actúa de todas las formas prácticas que puedas para hacer realidad tu prosperidad.

Estableciendo la Base para la Prosperidad

Yo soy próspero porque yo creo en mi prosperidad.
Yo acepto la capacidad de respuesta del Universo.

Cuanto más pronuncies estos enunciados, creyendo sinceramente en ellos, cultivando un sentimiento de gozo y aceptándolos como ciertos.... conociendo tu perfecto derecho de hacerlo y siendo consciente que la Mente Universal lo está manifestando ya, establecerás de manera más íntegra la base para la prosperidad que deseas.

PREGUNTAS PARA EL AUTO-ANÁLISIS Y UN MAYOR ENFOQUE

1. *Sabiendo que "Cósmico" significa "Universal", ¿qué significa para ti la expresión "Materia Prima Cósmica"? La respuesta debe ser clara y explícita.*

2. ¿Puedes explicar en treinta palabras lo que significa, "La Prosperidad espera ser reconocida y aceptada por nosotros"?

3. ¿Alguna vez pusiste a prueba la idea de dar sin esperar nada a cambio, cuando tenías poco dinero? ¿Cuál fue el resultado?

4. ¿Entiendes que el bien que pides es tuyo tan pronto como tengas la sensación de que lo es, incluso si no logras ver alguna manera en la que pueda llegar a serlo?

5. ¿Es ahora claro para ti cómo sí puedes realmente dirigir tu éxito financiero por medio del correcto uso de tu mente y de la actividad apropiada?

CAPÍTULO 4

Reconstruyendo Tu Vida

Es momento de considerar un concepto más amplio y alcanzar un entendimiento espiritual más elevado de lo que has leído hasta ahora. Has aprendido algo sobre lo que llamamos la estructura de la Mente Universal y tu relación con Ella. Tienes ya una idea de cómo usar ese conocimiento para atraer hacia ti la buena salud y el éxito financiero.

Sin embargo, hay una gran Ley espiritual que aplica a un rango aún más amplio de asuntos que puede aplicarse a todo en la vida. Una manera de enunciarla es: *Nosotros, como hijos de Dios, heredamos los atributos y poderes del Padre.*

Para sustentar lo anterior tenemos las palabras de Jesús: "... porque uno es tu Padre que está en el cielo". "... y todos son hermanos". "De la manera en que el Padre tiene vida en él mismo, así ha dado vida al Hijo que tiene vida en sí mismo". Adicional confirmación se encuentra en otras religiones, en la opinión de los filósofos, y también en las conclusiones de muchos científicos modernos.

La Escalera de la Consciencia

La vida ha estado ascendiendo lentamente por la escalera del desenvolvimiento por eones de tiempo, hasta llegar al estado de auto-consciencia alcanzado actualmente por la humanidad. Existe algún grado de consciencia en todo, porque todo constituye alguna forma del Espíritu, y el Espíritu es Inteligencia. Sin embargo, hay *grados* de inteligencia o de consciencia. Frecuentemente escuchamos la expresión: "La consciencia duerme en la vida mineral, sueña en la vida vegetal, despierta en la vida animal, y llega a la auto-consciencia en la vida humana".

Nosotros estamos por lo tanto al nivel máximo de la escalera evolutiva. Somos ahora seres auto-conscientes, lo que significa que no solo sabemos, sino que *sabemos* que sabemos. Podemos pensar sobre nuestra propia consciencia y tenemos el poder de elegir –lo que constituye el punto más elevado del desarrollo de la vida. La evolución, a lo largo de eras infinitas, ha hecho mucho por nosotros.

Sin embargo, los individuos ahora deben seguir progresando, debemos tomar los asuntos en nuestras propias manos y *escoger* continuar en nuestro ascenso. De ahora en adelante, ascendemos porque hemos escogido hacerlo. Para lograrlo debemos asumir con claridad que no hay separación entre la humanidad y Dios. Recuerda, *todo es Espíritu,* una expresión de la Consciencia de Dios infinita. No hay nada en el Universo que pueda obstaculizar tu ascenso, tu mayor consciencia de la Unidad con Dios... que no sea tu elección el dejar de ascender. La vasta expansión hacia un alcance cada vez más amplio está a tu disposición.

Desea lo Mejor y Trabaja para Alcanzarlo

Para alcanzar tal crecimiento, necesitas reconocer los atributos más elevados en el rango del entendimiento humano, y cultivarlos. Siendo hijos e hijas de Dios, es razonable decir que hemos heredado los atributos del Padre –y estos yacen ya en nosotros esperando ser reconocidos y desarrollados.

Tu propio razonamiento lógico hace obvio que para vivir una vida muy exitosa y feliz, necesitas ser capaz de *expresar* esos atributos innatos, que a su vez producirán experiencias y condiciones de éxito y felicidad.

Para poder utilizar esos atributos provenientes de Dios, necesitas conocer Su naturaleza y Su fuente. El enunciado de Jesús que establece que "la vida del Padre está en el hijo", implica con seguridad que el hijo debe crecer en las cualidades del Padre para poder hacer uso de ese potencial mayor. Tú deseas vivir una vida íntegra y exitosa y tener un lugar en el mundo. Para hacerlo, debes familiarizarte con las características de ese tipo de vida, y luego trabajar en ellas y cultivarlas.

Tu Divinidad Interior

Cada uno de nosotros debe pensar de sí mismo como una válvula de escape a través de la cual la actividad del Espíritu puede fluir. De hecho, solo cuando los atributos de Dios fluyen a través de nosotros, tomamos parte de manera integral de la Naturaleza de Dios. Y ésa es nuestra tarea, después de todo –expresar de forma más íntegra la Naturaleza de Dios, el Padre. En cualquier medida en la que los atributos de la perfección son parte de nuestra conducta, a esa exacta medida, Dios se hace conocer a la humanidad. Cumplimos con nuestra condición de hijos solo en la medida en la que representemos la Naturaleza del Padre. Cada uno de nosotros tiene el privilegio y la responsabilidad de ser un canal abierto para el flujo de Dios a través de nosotros, como nosotros.

¿Cuáles son entonces estos atributos que deben ser nuestros? Lee esta lista y considérala cuidadosamente:

- Vida
- Amor
- Sabiduría
- Inteligencia
- Paz
- Creatividad
- Belleza
- Gozo

Necesitas hacerte *más consciente* de tu unidad con Dios hasta llegar a experimentar estos atributos completamente en tu vida. Los atributos de Dios son una parte integral de quien eres; yacen profundamente en tu interior, lo admitas o no. En el centro de tu ser están la Vida, el Amor, la Sabiduría, la Inteligencia, la Paz, la Creatividad, la Belleza y el Gozo. Notas de inmediato que si *todas* las personas usaran estos atributos –si los vivieran– no habría desarmonía, carencia, ignorancia, enfermedad, sordidez, miedo o tristeza.

Jesús proclamó que el crecimiento hacia la naturaleza Divina es "el camino, la verdad y la vida". Aspiramos a esta consciencia elevada, y conforme se va desenvolviendo en nosotros, estos atributos se van desarrollando. Lo que dijo Jesús es lo que debemos hacer nosotros también. No tenemos razón para no creer y aceptar por completo su asombroso enunciado: "... las obras que yo haga también él las hará; y obras más grandes que éstas, él hará...".

Honestamente, tú quieres lograr y alcanzar todo aquello que te producirá una vida plena, feliz y exitosa –la vida sana y gozosa– que tu consciencia de la Naturaleza de Dios tiene lista para ti. Para alcanzar estas cosas, debes reconocer que tú tienes, *por naturaleza,* la habilidad innata para hacerlo. Por lo tanto, debes *cultivar* esa parte de tu naturaleza que hará que estos atributos se desarrollen en ti.

Tus Posibilidades Infinitas

El primer paso para ti involucra tomar consciencia de que *¡ya tienes* los atributos de Dios que deseas cultivar y experimentar a diario! Esta verdad es tan importante y tan impresionante que puedes no captar todo su significado desde un inicio. *¡Ya tienes lo que quieres!* Como hijo de Dios, tomas automáticamente Sus características. Eres parte de Eso que te creó. Es tu herencia. Los atributos de la Naturaleza de Dios, el Padre, consisten en la perfección, y tú naciste con ellos; tú fuiste creado "a imagen y semejanza de Dios".

Puede requerir de mucha divagación el que esto se establezca en tu mente, pero cuando esté establecido, sentirás que se ha resuelto este gran dilema que enfrentas en tu ascenso. Captar el significado de esta maravillosa verdad es una revelación maravillosa –saber que tú ya posees las cualidades Divinas porque son tu herencia. *Dios es lo que tú eres.*

Puede ser que no hayas estado mostrando estos atributos en tu vida diaria de forma muy clara, pero están ahí. Así es que, es tu tarea ahora el exteriorizar *conscientemente* estos atributos interiores, para que puedan ser expresados, usados y experimentados.

Puede ser que no hayas sido muy hábil en hacerlo hasta el momento. Tal vez tenías hábitos negativos de pensamiento, sentimiento y acción que bloqueaban la expresión más completa y correcta de tu naturaleza Divina a través de ti. Si ha sido así, no concentres ahora tu atención en aquello que deseas dejar ir. Por el contrario, dedica principalmente tus esfuerzos a desarrollar los atributos positivos que ya posees, pero que no has estado usando.

Piensa Solo en Tu Objetivo

La manera más rápida y efectiva de eliminar cualquier cosa que no desees, es no reparar en ello, y dar tu atención y tu interés a su opuesto.

El primer atributo Divino de la lista es Vida. Probablemente no hayas sido un buen ejemplo de la Vida perfecta de Dios. Tal vez has estado enfermo; puede ser que ahora mismo consideres que tu condición física se encuentra deteriorada. Si sabes que hay algo que podrías estar haciendo de manera objetiva para edificar tu salud, debes hacerlo, ya que "Dios ayuda a aquellos que se ayudan a sí mismos". Pero tu labor principal radica en tu *pensamiento*. En lugar de pensar en enfermedad o debilidad, piensa en vida –¡Vida!

Dedica algún tiempo a pensar en aquello que representa para ti una vida gozosa y exuberante –¡una vida tan plena y colmada del puro gozo de vivir que no puede quedarse quieta! ¡Potrillos retozando en los pastizales, gatitos jugando, niños rebosando energía! ¡Piensa en ellos! *Convéncete* y sé consciente de la Vida que llena todo tu cuerpo. ¡Sé consciente no solo de *tener* vida, sino de *ser* Vida! Divaga en este pensamiento, regocíjate en él, decláralo, agradece por él, y acepta la Vida como tuya en este preciso momento.

Empieza a expresarlo de cada y toda forma en la que puedas. Tu vida es la Vida de Dios en tu interior. Sigue afirmando esto continuamente. Acepta tu plenitud física como la Perfección de Dios en ti. Sé feliz por Ella y sé consciente de cómo se manifiesta cada vez más en tu cuerpo.

No Minimices Tu Herencia Divina

Recuerda, tú eres la creación de Dios; la Vida de Dios es tu vida. ¡No minimices esa herencia!

Puede ser que necesites cultivar el atributo del Amor más que cualquier otro. Recuerda las palabras de Jesús: "Porque uno es el Padre y todos son hermanos". Cuando te detienes a considerar realmente esta verdad –que Dios es tu Padre espiritual y que todos son tus hermanos y hermanas– no puede haber ningún fundamento de antagonismo hacia nadie, dado que Dios no se divide ni se opone a Sí Mismo. Esto deja el camino abierto a pensamientos amorosos con respecto al resto y con respecto a ti mismo.

Tú eres el hijo de Dios, por lo tanto, debes tener una opinión muy elevada sobre ti mismo; no una suficiencia tonta, sino un entendimiento reverente de tu maravillosa relación con Dios. Repítete una y otra vez que el atributo del Amor reside en tu *interior*, y que es natural que la expreses. Piensa primero en aquellos a los que amas por su cercanía a ti o por el cariño que te despiertan. Piensa en sus cualidades positivas. Piensa en esas personas con nombre propio y especifica algunas características admirables suyas. Enciende en medio de tus emociones, una cálida luminosidad de sentimientos por ellos.

Ahora recuerda que todas las *otras* personas son igualmente merecedoras de tu amor y lo necesitan para expandirse hacia formas más sutiles y bellas de vida. ¡Necesitan de tu amor! Pasa algunos minutos teniendo pensamientos de amor para todo el mundo (éste necesita desesperadamente de cada pizca de ayuda que puedas darle). Esto no es nada mas un deseo ocioso. Es un servicio concreto que puedes ofrecer. Tus pensamientos de amor a la humanidad llevan una bendición hasta los confines más alejados de la Tierra. No dejes de ejercitar este privilegio.

Tienes Acceso a la Sabiduría de Dios

Seguramente deseas a veces tener más de esa enorme fuente de sabiduría-inteligencia. ¡Pero ya la tienes! Siéntate en silencio contigo mismo y sé *consciente* que como hijo de Dios, tu sabiduría es ilimitada. Sé consciente, con convicción, que el Espíritu Universal, la Sabiduría Toda, te está dando a conocer ahora todo lo que necesitas saber para tomar decisiones correctas, elecciones correctas, planes adecuados. Debes convencerte a ti mismo, una y otra vez, que la sabiduría Infinita es tuya, para usarla como tú quieras. Asume que Ella responde inmediatamente a cada necesidad tuya. Créelo. Acéptalo con gozo. Sigue aseverándolo y tu camino se aclarará ante ti.

¿Sientes que no estás en armonía con alguna persona o situación? ¿Hay resentimiento en tu pensamiento? ¿Te carcome alguna señal de celos o envidia en tu interior? ¿Te sientes miedoso o preocupado por algo? Si alguno de estos problemas te está molestando, necesitas volcar tu atención al hecho de que Dios solo puede ser Paz y Armonía. Deja ir toda la tensión de tu cuerpo, olvida todos los sentimientos malos que puedas tener, y permite que tu cuerpo, tus emociones y tu mente descansen en una profunda consciencia de esa Paz que es Dios. Permanece en calma... en calma de toda forma posible... y acepta la Paz de Dios, sabiendo que Ella sana en este momento todo lo que duele en tu interior, y que su acción serena cubre y rodea toda tu experiencia. Piensa en Paz, siente Paz. Sé consciente de *ser* Paz, porque eres una expresión concreta y específica de Dios, manifestándose como Tú.

Creatividad en Tu Centro

No hay nada que obstaculice la Acción Creativa de la Vida –como Amor, Sabiduría y Paz– en ti y a través de ti, porque Ella funciona por medio de tu pensamiento. Dios, el Padre, te ha dado todo el Poder a ti, su hijo. Cuando hayas reconocido y expresado los atributos Divinos que ya posees, entonces podrás usarlos creativamente para tener una mejor vida. La Belleza y el Gozo, por ejemplo, son dos de los más grandes atributos de la Vida. La Belleza empieza a brillar a través de tu vida cuando *piensas* en la Belleza, y Ésta se manifiesta porque es inherente a los otros atributos Divinos, y fluye desde ellos. La vida, interior y exterior, se hace tan rica que el Gozo invade todo tu ser. *Experimentas* todos estos atributos reconociéndolos en la profundidad de tu interior, no buscándolos; son tu herencia. Vive estos atributos. Declara tu bien, cree en él, y actúa conforme a él. Entonces alcanzarás la vida que vale la pena vivir.

No vas a alcanzar todo esto en una semana, porque implica reeducarte, y eso toma tiempo. Pero has empezado ya. Los resultados te impulsarán a seguir con constancia. Otros verán un cambio en ti mucho antes de que tú lo notes. No te analices demasiado, solo déjate ir y crece. Tu aceptación y expresión de la Vida Única se expandirá sin parar.

Por medio de procedimientos tan simples como estos, hombres y mujeres han superado la infelicidad, la enfermedad, la pobreza, la desarmonía y el desempleo, y han llegado a tener vidas plenas, productivas y muy exitosas. Éstas son técnicas definitivas, científicas y espirituales. Síguelas si quieres vivir en esa dimensión gloriosa que espera por aquellos que *eligen alcanzar sus objetivos*, y actúan según eso. *Así como es Él, así somos nosotros en este mundo.*

PREGUNTAS PARA EL AUTO-ANÁLISIS
Y UN MAYOR ENFOQUE

1. *¿Entiendes cómo la auto-consciencia, con su poder de elección, coloca sobre ti mismo la responsabilidad de tu futuro progreso?*

2. *¿Estás haciendo un esfuerzo sincero por activar el potencial de los atributos Divinos en tu interior, y por reproducirlos en tu vida diaria?*

3. *Describe dos o tres ocasiones durante la semana pasada en que pusiste emociones alegres en acción. ¿Cuáles fueron los resultados?*

CAPÍTULO 5

¡Tú Estás a Cargo!

El antiguo adagio griego, "Conócete a ti mismo", es profundamente significativo para todos nosotros. De hecho, *tenemos* que conocernos más profundamente a nosotros mismos para poder llevar la vida exitosa, feliz y útil que deseamos. Reconocemos que conocernos mejor involucra entender nuestra naturaleza espiritual; y también entender la inter-relación entre nuestra mente, nuestro cuerpo y nuestras emociones, para poder controlarlos sabiamente y dirigirlas hacia nuestro propio bienestar.

¿Quién Eres?

Todo es Espíritu. El Espíritu es Mente. La Mente es Una. No hay separación entre Dios y tú, excepto en el grado en que tú *pienses* que estás separado. Si crees que estás aislado en una habitación, y lo crees con tal firmeza que ni siquiera intentas abrir la puerta y las ventanas, los resultados son exactamente los mismos que si *estuvieras* realmente encerrado –a pesar de que la verdad sea que no hay ningún candado, y que eres libre de irte cuando quieras. Tu *creencia* es todo lo que hay entre tú y tu libertad. De la misma manera, necesitas erradicar para siempre toda creencia en algún tipo de barrera que te separe de Dios. Tú estás *en* la Mente de Dios; tú eres *de* la Mente de Dios; tú *eres* la Mente de Dios manifestada en forma humana.

Así es que debes asegurarte de que tu pensamiento no esté en conflicto consigo mismo y de tener pensamientos claros y concisos con respecto a tu verdadera naturaleza. La Ciencia de la Mente te enseña a entender tu verdadera naturaleza para que *puedas* vivir una vida feliz, exitosa, con buena salud, y crecer gradualmente en la expresión de Dios en ti. Todo lo que lleve a estos resultados debe merecer tu atención. De hecho, éste es el tipo de pensamiento práctico espiritual que quieres aprender a tener. Entonces estarás listo para el siguiente paso: *dirigir conscientemente tu pensamiento, de manera que atraigas resultados correctos y buenos constantemente a tu vida.*

La Importancia de los Hábitos

Empieza por *conocerte a ti mismo,* y veamos si es posible encontrar una nueva manera de pensar que produzca mejores resultados en tu vida que tu antigua forma de pensar.

Hemos descubierto que la Mente infinita, como Ley, crea y sostiene todas las cosas, y eso es de primordial importancia para nosotros. La Ley también actúa sobre esos patrones de pensamiento persistentes que se han convertido en hábitos. Por lo tanto, cada día debemos incrementar esos hábitos deseables, ahora que sabemos cómo hacerlo y cómo funcionan.

Puedes incrementar tu fuente de buenos hábitos cultivando la alegría. Es uno de los rasgos más útiles que alguien pueda tener. La gratitud es otro. Cuando pensamos en todo lo que tenemos, y por lo que debemos estar agradecidos, nos parecerá que debemos sentirnos llenos de gratitud a cada momento. Una sensación de feliz expectativa del bien es algo a lo que también debemos dar mayor atención, hasta que se haga un hábito. Puedes pensar en muchos otros, pero hasta que no estés realmente *desarrollando* estos hábitos, no estarás aprovechando de este aspecto extremadamente valioso de la Ley de la Mente, que está siempre dispuesta y lista para aceptar cualquier cosa en la que insistas, sosteniéndola como un hábito, que a su vez funcionará sin tener que pensar en ella conscientemente.

Nada Se Olvida

En este proceso de conocerte a ti mismo, descubres que la Mente en Su operatividad como Ley –en Su naturaleza subjetiva– tiene otra característica a la que debes darle atención. Es también el almacén de recuerdos de experiencias pasadas. Tal vez piensas que has olvidado todos los incidentes triviales de tu infancia (aunque algunos permanezcan vívidos en tu memoria). Pero miles de eventos, actos, circunstancias, influencias y experiencias –de toda tu vida, incluyendo tu infancia– *están guardados en la parte subjetiva de tu mente*. En gran medida, ellos colorean tu vida hoy. Muchos de ellos han ayudado a formar tus actitudes de alegría, coraje, auto-suficiencia, esperanza, fe, iniciativa, laboriosidad, y todas las otras cualidades que tú tienes. También se guardan aquí los recuerdos que pueden estar causando muchas de las experiencias problemáticas con las que te topas.

Tú No Eres Realmente Tus Recuerdos

Por lo general, uno no es capaz de mirar hacia atrás en su vida, y determinar exactamente qué causó una cierta impresión en uno y originó el desarrollo de sus cualidades positivas. Realmente es la suma de muchas impresiones individuales las que configuran esas cualidades positivas. Lo mismo aplica a las cualidades negativas. Las personas normalmente no saben con precisión cómo llegó a tener ciertas actitudes, hábitos de pensamiento, o maneras de reaccionar ante ciertas condiciones. La irritabilidad, la falta de contención, u otras características de personalidad negativas, parecen ser "una parte de ti mismo". En muchos casos ni siquiera sabes que tienes estas características.

"Bueno, ésa es mi naturaleza. Siempre he sido así", podría ser tu respuesta si se te llama la atención por cierta manera de reaccionar ante aquello que te resulta molesto. Y lo dices con honestidad. Pero ésta no es tu *verdadera* naturaleza, *porque tú estás hecho a imagen y semejanza de Dios*. Por lo tanto, en principio, eres perfecto. No podrías ser de otra manera, porque la perfección es tu derecho de nacimiento.

Lo que tú realmente eres, es Vida, Amor, Sabiduría, Inteligencia, Paz, Creatividad, Belleza y Gozo. Éstas son tus verdaderas características. Cualquier cosa por debajo de esto es algo que se ha infiltrado en tu pensamiento y se ha colocado en la mente subjetiva, desde donde la Ley de la Mente ha actuado para manifestarlo, *ya sea que lo sepas o no.* Así es que tus pensamientos, pasados y presentes, se manifiestan en tu conducta y en tus relaciones con los otros con los que tengas contacto.

"¿Pero si no conozco lo que hay en mi almacén mental, qué puedo hacer al respecto?, te preguntarás, y es razonable que lo hagas. Así que primero debes aceptar que puede haber cualidades indeseables en ese almacén; y segundo, debes aprender cómo limpiarlas.

Sin duda puedes recordar algunos incidentes que dejaron una huella en tu pensamiento –cosas que no olvidas y que siguen tiñendo tu visión. Y por cada uno que recuerdes, probablemente haya docenas que se han desvanecido en tu consciencia. Aun así, están ahí, influenciándote y creando tu experiencia total de vida.

¿Qué haces con ellos? ¡Ésa es la cuestión!

Dale Nuevas Instrucciones a la Ley

Recuerda que una característica muy importante de la Mente en Su acción como Ley, es la *obediencia*. Ésta crea sin cuestionar. Responde a tus firmes convicciones y creencias. Esto debe aclarar cómo limpiar pensamientos indeseados porque ahora sabes que tus pensamientos de bien, actuando como una orden y una directiva, *limpian de ese almacén todo lo que sea negativo y perjudicial para tu bienestar.* Esto no significa que debas traer de tu memoria al presente viejas influencias y eventos que te hicieron daño. No hay necesidad de saber todo sobre ellos o revisarlos, pero sí deseas liberarte de ellos, porque no puedes perder más tiempo anidando nada que te sea dañino.

Cuando haces una declaración positiva, sé perfectamente consciente que se manifestará, y luego deja a tu pensamiento consciente libre de dudas o preguntas sobre *cómo* o cuándo deba darse esa manifestación. De no hacerlo, estarás poniendo en peligro la producción de los resultados deseados. (También es productivo declarar tu bien cuando no estés pensando en mil otras cosas. Entonces la Ley de la Mente tendrá un patrón claro y conciso para Su acción).

No hay nadie que no tenga alguna idea o concepto negativo guardado en su mente subjetiva, aunque probablemente desconozca por completo que la tiene. ¿No sería entonces sabio de tu parte declarar afirmativamente, noche y día, o por todo el tiempo que sea necesario, que la importantísima labor de limpieza de tu almacén se está llevando a cabo ahora? ¡Imagina que en solo seis meses podrías botar toda la basura emocional y mental acumulada

ahí por años y años! ¿No sería eso probablemente lo más importante que puedas hacer?

Elimina Hábitos Objetables

Durante el día y justo antes de dormir, piensa en todas las características de personalidad positivas y deseables que puedas, ya sea que las estés expresando actualmente en tu vida o no. Luego declara que todo lo que se les oponga es eliminado, y que solo las características positivas y deseables están siendo establecidas como tu experiencia por la acción creativa de tu pensamiento. Sé *consciente* que éstas llenarán toda tu vida y tu ser. Siéntete confiado y feliz al saber que está totalmente en el ámbito de tu derecho, tu poder y tu habilidad, el deshacerte y eliminar los patrones de pensamiento equivocados del pasado. ¡Lleva a cabo un trabajo exhaustivo de limpieza, e inmediatamente empezarás a llenar toda tu experiencia de eso que es Divino!

Este sirviente obediente, poderoso, diligente, que es la Ley de la Mente, cumple con laboriosidad y constancia, día y noche, todas tus órdenes –tus pensamientos basados en tus *creencias*. Pronto podrás empezar a notar la diferencia en ti mismo; puede ser que otros la vean incluso antes que tú. Toda tu actitud mental y emocional cambiará. Te convertirás en una persona nueva, totalmente reconstruida por la Acción Creativa del Dios que llevas en tu interior.

Tú No Eres un Fracaso, a No Ser Que Admitas Serlo

Sin lugar a dudas, algunos patrones negativos de pensamiento han tenido como consecuencia la frustración. Te han hecho sentir, por lo menos en lo que respecta a algunos de tus grandes deseos, que eres un fracaso. Tal vez te detuvieron en todas las iniciativas de cierto tipo; tal vez acumulaste amargura debido a esos asuntos. ¡Todo esto puede desaparecer de tu vida ahora! Ya sabes que todo es posible.

Tal vez ahora puedas ver que todas las decepciones que encontraste te forzaron a llegar a algo mejor, o que puedes usarlas como puntos de apoyo para alcanzar metas mayores. Tal vez algunas de estas experiencias del pasado te hirieron con crueldad; tu naturaleza emocional fue dañada muy profundamente y pensaste que nunca olvidarías ese suceso. Pues no importa realmente si lo olvidaste o no. Ya está sanado y su efectividad desactivada porque tú has insistido, declarado, ordenado y aceptado que se elimine todo lo negativo, y la acción de la Mente Divina en tu interior lo ha hecho de manera obediente, poderosa, voluntariosa. A pesar de sentir que solo estuviste hablando contigo mismo, recuerda que *toda la Mente es una* y que realmente has estado derivando este asunto a la acción de la Mente Universal. Es por esto que los resultados son tan seguros y tan satisfactorios.

La Inferioridad No es Parte de Ti

Puede ser que nunca hayas admitido sentirte inferior a otros, pero puede haber habido muchos momentos en los que te sentiste tímido, dudoso o temeroso de intentar algo. Estas son evidencias de un patrón de pensamiento arraigado profundamente en ti, que sugieren silenciosamente que eres inferior. Y tú aceptaste esa sugerencia incluso si no la pusiste en palabras. Demos al asunto un poco más de atención.

Estamos tratando de seguir el antiguo adagio griego: "Conócete a ti mismo". Conocerte a ti mismo verdaderamente es saber muy dentro de ti, sincera y constantemente, que estás hecho a imagen y semejanza de Dios. Por lo tanto, todos los atributos divinos son inherentes a ti. ¿Cómo podrías entonces ser inferior a alguien?

¡Es imposible! Tú no solo tienes, sino que *eres* la Vida, el Amor, la Sabiduría, la Inteligencia, la Paz, la Creatividad, la Belleza y el Gozo. Si alguna experiencia previa te ha hecho sentir de otra manera, sé consciente que cualquiera sea esa experiencia, su recuerdo está siendo *ahora* eliminado y que de ahora en adelante estás estableciendo tu dominio sobre cualquier pensamiento negativo que pudiera apartarte de tu bien mayor. Razónalo y concluye que *absolutamente nada puede negar al Dios en ti.* Tu mente consciente, sin embargo, debe respaldar este proceso cooperando con él en cada pensamiento –implantando continuamente ideas afirmativas de bien. Así es como pones a trabajar a la Ley *afirmativamente,* todos los días y todas las noches.

Enfatiza el Amor y la Corrección

Te liberas de lo negativo inmediatamente, implantando lo positivo. Lo negativo no puede existir cuando lo positivo llena el espacio. Cuando el resplandor del amor y la confianza llena todo tu ser, la oscuridad de lo negativo tiene que desaparecer.

Tu naturaleza emocional –el nivel del sentimiento– es lo que determina tu conducta. El corazón es el símbolo de las emociones más profundas. Por lo tanto, lo que tú eres en *tu corazón,* ya sea que lo reconozcas o no, es la clave de quién tú eres realmente. "Como el hombre piense desde el corazón, así es él", proviene de la Biblia, pero es también una ley científica que puedes utilizar a diario. La reconstrucción tiene que empezar en tu corazón –tu naturaleza sentimental. Es por esto que la depuración de hábitos y recuerdos negativos es de suma importancia. Debe darse una reeducación de tus reacciones emocionales.

Uno de los primeros requisitos de una vida feliz y exitosa, por ejemplo, es la buena salud. No puedes estar sano si anidas a los *enemigos* de la integridad: el resentimiento, el miedo, el egocentrismo y los sentimientos de culpa. Los psicólogos y los médicos dicen que estos son los cuatro grandes enemigos de la personalidad humana. Para erradicarlos, no enfoques tu atención en ellos; por el contrario, enfatiza sus opuestos, aquellas características por las que abogó Jesús: Amor, Fe, Entrega y Corrección Moral.

W.P. Newsholme dijo en *Salud, Enfermedad e Integración:* "El odio es el veneno, no solo moral y espiritual, sino mental y físico también".

El Dr. E. Stanley Jones cita el siguiente incidente: "Al cierre de una reunión, una señora se me acercó y me dijo con voz temerosa, 'Bueno, si el enojo produce úlceras en el estómago, ¡Nunca más voy a enojarme!'"

"Ella hacía caso omiso a la frase ´No debes odiar´ de la Biblia, pero se sentó y tomó nota de aquella frase cuando halló que estaba escrita también en su estómago".

Ideas y reglas simples te ayudarán a usar estos principios de Ciencia de la Mente para alcanzar paz mental, salud corporal y exultación del espíritu. Estos tres aspectos de nuestra naturaleza están tan cercanamente inter-relacionados, que lo que afecta a uno tiene un efecto definitivo en los otros dos.

Puedes construir salud física siendo emocionalmente sano, alegre, entusiasta, optimista. Al simular conceptos de integridad espiritual, intensificas tu actividad emocional de gozo. Instálate en el saber que el buen humor, la alegría y la expectativa gozosa que estás construyendo en tu consciencia, están siendo reflejadas en tu salud, en tu éxito financiero, y en tu habilidad para vivir una vida más plena y más abundante. *¡Tú determinas tu propio bienestar!*

1. *A la luz de lo que enseñan estos capítulos, escribe en unas cincuenta palabras sobre la importancia del siguiente consejo: "Conócete a ti mismo".*

2. *Escribe una lista de seis cualidades negativas y seis cualidades directamente opuestas, que deben ser cultivadas para reemplazarlas.*

3. Escribe seis ejemplos de la mejor manera de hablarte a ti mismo, a nivel de la mente subjetiva, para ordenarle que haga un trabajo de depuración.

4. Escribe el enunciado: "Como un hombre piensa en su corazón, así es él", de una manera diferente, con palabras más actuales, que tengan el mismo significado.

CAPÍTULO 6

El Poder de las Emociones Dirigidas

El atributo especial que nos da la auto-consciencia, es el *poder de elección*. Éste es ciertamente un regalo supremo de Dios a la humanidad. Permite a los hombres y a las mujeres escoger su propio destino –aceptar la Sabiduría y el Poder Divinos de tal forma, que se hacen capaces de convertir el destino elegido por ellos en una experiencia concreta.

Es verdad, sin embargo, que todo privilegio conlleva una responsabilidad correspondiente. El derecho y el poder para tomar tus propias decisiones, buenas o malas, te pone en una posición muy sensible. Ahora te das cuenta que no eres un autómata movido por el capricho o la circunstancia, guiado solamente por los instintos, o sujeto a alguna voluntad impuesta sobre ti. ¡Eres libre de elegir! Pero debes aceptar las consecuencias de esa elección.

La Ley de la Mente, creativa y universal, de la cual tus actos son parte, crea para ti según tu elección. Frecuentemente esa elección es motivada por actitudes poco sabias, impetuosas, emocionales, que no toma en cuenta un debido análisis previo a la decisión. Muchas veces, una reacción emocional negativa dirige tus decisiones en lugar de un proceso lógico de pensamiento –esa habilidad de la mente consciente que te permite pensar con claridad, y decidir de manera consecuente. Por lo tanto, es necesario que tomes una responsabilidad clara y firme por lo que tú creas con tus actitudes.

Todo Conforme a Ley

Lo que estás *sintiendo* profundamente es, muchas veces, lo que has establecido en la mente como causa; es el patrón de lo que recibirás.

Para hacerlo más claro –incluso si has pensado en esta imagen antes, piensa en la tierra, en un huerto. Cuando quieres producir un cultivo de cualquier tipo, primero preparas la tierra usando el mejor conocimiento disponible para dejarlo en la condición adecuada, y así te dará el cultivo que deseas obtener. Cuando la tierra está bien preparada, libre de obstrucciones, apropiadamente fertilizada, y lista de todas las formas posibles para recibir a la semilla; cuando la lluvia y el sol han hecho su parte y has seleccionado cuidadosamente las semillas y has hecho planes ... entonces empiezas a sembrar. Plantas *solo* aquellas semillas que van a crecer, y van a convertirse en aquello que tú quieres en tu huerto. Puede ser que quieras tener una fila de rabanitos en medio de una de beterragas y otra de zanahorias. Muy cerca, en la misma tierra, plantas calabazas; luego tal vez melones.

De la buena, confiable y cumplidora tierra, la semilla de rabanito toma todo lo que necesita para producir rabanitos blancos de cáscara roja. *Pero exactamente de la misma tierra*, de la fila siguiente, obtienes zanahorias, de color naranja-amarillo brillante, y que no tienen para nada el sabor de los rabanitos. Y del otro lado hay beterragas de color rojo profundo, de una textura y sabor completamente diferente. Todo el resto de semillas dan fruto según su naturaleza y –éste es el punto– ¡sabías que así lo harían! Por eso es que las plantaste. Nadie es lo suficientemente sabio como para encontrar en la tierra los químicos que producirán los diferentes resultados, pero nadie tiene que poder hacerlo.

Así, tu parte consta de cuatro etapas: Alistar la tierra, escoger las semillas adecuadas, plantarlas, y dar al huerto el cuidado y la atención adecuados. La maravillosamente sabia tierra de la Madre Naturaleza se hace cargo del proceso de producción.

Nadie puede explicar cómo o por qué sucede esto. ¿Pero solo por no tener este entendimiento debemos dejar de aprovecharlo? No. Año tras año, millones de hombres y de mujeres siembran huertos y saben por anticipado qué cosecha van a obtener.

En el plano espiritual, la Mente Subjetiva Universal, como Ley, es la tierra. Es tan confiable, tan cumplidora, y funciona de una manera tan natural, que se asemeja a la tierra de un huerto. Toma cualquier cosa que hayas escogido sembrar en Ella y produce conorme a eso. Tú, personalmente, eres quien determina qué tipo de resultados vas a tener. Ése es uno de los principios que debes tener siempre en cuenta.

Cualquier cosa que decidas con tu mente consciente y que luego delegues a la acción de la Ley, con serena y perfecta confianza, vendrá a ti. Nadie sabe exactamente *cómo* es que los pensamientos se tornan concretos y tangibles; tampoco cómo una parte de la tierra produce una zanahoria cuando la misma tierra, solo unas pulgadas más allá, produce un delicioso melón. ¿Pero, no comprender la acción por completo, ha evitado que esta gente siembre semillas? ¡Por supuesto que no! De la misma manera, puedes tener la misma confianza en tu cultivo espiritual.

Una Preparación Cuidadosa

Se tuvo mucho cuidado al preparar la tierra del huerto para llegar a tenerla en la condición adecuada. Aquí también aplica la analogía con respecto al proceso espiritual: Debemos eliminar del medio creativo de la Mente todo lo negativo. Ella debe estar en paz. Todo lo que pueda obstaculizar el desarrollo adecuado del bien que deseamos, debe ser eliminado. Cuando estás en calma, en paz, en control de ti mismo, lleno de una alegre expectativa, y cuando confías serenamente en el cumplimiento de tu bien más elevado, estás listo para hacer tu siembra espiritual.

A lo largo de todo el verano, el calor del sol y la frescura de las suaves lluvias conducen a tu huerto a través de las varias etapas de crecimiento hasta llegar a la madurez plena, que es la razón por la que lo sembraste. Tu huerto espiritual, sembrado primero en la tierra de tu serenidad emocional, debe ser nutrido con amor y regado con expectativa. No permitas que ninguna mala hierba de duda o ansiedad obstaculicen su progreso. Dale atención a diario, enteramente libre de cualquier preocupación o temor con respecto al resultado. Recuerda, ¡puedes confiar en que la tierra hará su parte si tú haces tu parte!

Siembra Cuidadosa

En tu huerto espiritual estás siempre sembrando algo –deseos, esperanzas, anhelos... o temores y preocupaciones. No existe una estación del año en especial para llevar a cabo esta siembra. Por lo tanto, la tierra de tu mente subjetiva debe mantenerse en las condiciones adecuadas en todo momento. Siempre estás sembrando y no puedes desperdiciar buenas semillas en tierra invadida por mala hierba. No puedes desperdiciar tu cosecha sembrando malas semillas –pensamientos de negación, preocupaciones, miedos, odios, rabias, resentimientos. Esas semillas crecerán tan rápido como las buenas semillas, y producirán una cosecha de problemas con la misma seguridad y abundancia. La tierra del huerto no tiene poder o inclinación alguna por rechazar las malas semillas y aceptar las buenas. De manera similar, tu nivel de mente subjetiva, el medio creativo de la Ley, es también completamente impersonal, y tomará con la misma disposición tus negaciones para producir una cosecha de enfermedad, pobreza, dificultades o desarmonía. Por lo tanto, ¡ten cuidado con lo que siembras!

Cuando recién empiezas a alistar tu huerto, seguramente encontrarás muchas rocas, mala hierba, trozos duros de tierra o basura. Todo esto necesita ser retirado para que la tierra produzca lo que tú quieres. De manera similar, viejos complejos, actitudes y hábitos arruinarán por seguro tu cosecha en el plano espiritual, si no los eliminas.

Una cosa que debe eliminarse con frecuencia es el complejo de inferioridad. Debes eliminar cualquier cosa que se interponga en tu entendimiento de que eres el hijo de Dios; Dios es lo que tú eres. Por lo tanto, ¡no eres inferior a nadie! Algunos pueden ser más talentosos en algunos rubros, pero muy al interior de cada persona yace la misma Vida, expresándose de una manera individual –por medio de talentos y habilidades particulares. Estás hecho a imagen y semejanza de Dios, y por lo tanto, *¡no puedes ser inferior a nadie en el mundo!*

Un complejo de superioridad es también un tipo de mala hierba que nadie quiere que florezca en su huerto. También se le elimina siendo conscientes de que todos somos hijos de Dios y que contenemos Sus atributos; que *cada* uno de nosotros es una expresión superior de la Vida que expresa esa Vida conforme a su naturaleza.

Para que se lleve a cabo un desenvolvimiento continuo y se den los resultados que deseas, depura tu huerto. Luego haz la siembra correcta.

Perdónate

A pesar de no sentirte afligido por lo que se conoce comúnmente como un complejo de inferioridad o de superioridad, puede ser que vivas con una sensación de auto-condena –un marco mental que se ha llamado consciencia de culpa– que frustra tus esfuerzos encaminados a la felicidad y el éxito, y que te tiene tan alterado que tu máxima eficiencia se ve mermada. Encontrarse así, en un estado de conflicto con uno mismo, es realmente un estado triste en el que estar.

Mucha gente fue criada para estar tan profundamente alerta ante algún tipo de sensor de crítica interior, uno que usualmente los acusó de algo, que les es sumamente difícil soltarlo y alejarse de él. Lo más triste es que con un criterio más maduro, muchos han podido discernir que esas pequeñas cosas que se consideraron "malas" en la infancia, observándolas hoy, no tenían nada de maldad en ellas. Un entrenamiento temprano puede haber llevado a algunos a creer que usar colores vivos, por ejemplo, era un pecado. Leer una historia, sin importar cuán elevado haya sido el tono moral, si no era sobre hechos concretos, era malo. Ésta y cientos de otras restricciones de este tipo, atan y limitan a la gente. Dado que tú eras un niño o niña normal, con una inclinación natural hacia lo prohibido, puedes haber encontrado alguna forma de usar un color prohibido, o puedes haber leído un libro a escondidas y con culpa. Desde entonces puedes haber acarreado la sensación de haber cometido un pecado. Esta auto-condena puede perseguir a una persona como una nube, oscureciendo su capacidad de entrega del amor de Dios y la expresión de Su Naturaleza.

Estos ejemplos pueden parecer insignificantes pero indican problemas de una mente con muchos conflictos. Y a pesar de no estar activos en la mente consciente, permanecen activos al nivel subjetivo, coloreando nuestras actitudes y acciones.

Un Sentimiento de Culpa Erróneo

¡Necesitamos estar agradecidos porque el Padre Todo Sabiduría ha plantado en nuestro interior un guía hacia la conducta correcta, a la que llamamos consciencia! Pero también debemos tener cuidado de no permitirle que destruya nuestra felicidad por algo que, al ser observado con un criterio adecuado, no resulta ser incorrecto moralmente. El Dr. Smiley Blanton nos dice que "a no ser que el crecimiento de la consciencia sea dirigido sabiamente, los resultados serán un serio conflicto". Agrega que el proceso de la construcción de la consciencia incluye cuatro fases:

1. Un impulso primitivo de amor.
2. Una profunda necesidad de mantener al amor de nuestros padres y serles obedientes.
3. Una síntesis del impulso del niño para auto-crítica con la crítica de los padres.
4. La modificación de todos estos sentimientos por medio del contacto con la vida.

Las tres primeras fases de desarrollo se dan durante la infancia. Luego, a lo largo de todos los años de madurez, se dedica mucho tiempo a tratar de erradicar gran parte de lo que se creó e instaló en esos primeros años de formación. La parte triste, sin embargo, es que gran parte del daño no puede revertirse nunca. Podemos superar los sentimientos de haber sido observados y culpados por nuestros padres por nuestras deficiencias, pero es probable que traslademos los mismos sentimientos a una profunda convicción de estar siendo observados y acusados por nuestras fallas, por Dios, y que algún tipo de castigo está por llegar, o ha sido reservado para nosotros. Con frecuencia esto nos lleva a cometer "pecados" aún peores. Ciertamente, cuando nos equivocamos, debemos sentir arrepentimiento y enmendar nuestras acciones prontamente, pero mantenernos inmersos en emociones negativas y no hacer nada constructivo al respecto, no nos hará ningún bien.

Los complejos –mala hierba– deben ser arrancados de raíz de nuestro huerto espiritual. Y la manera de erradicar algo negativo es dando nuestra atención a lo opuesto –un bien positivo– y cultivarlo.

Entonces.... Conocemos los atributos de la Naturaleza de Dios y sabemos cómo desarrollarlos. La mente consciente debe aprender a sentarse en el sitio del conductor y dirigir lo que sucede; las emociones deben ser controladas; y para ser jardineros exitosos, debemos velar por ello para que se lleve a cabo la siembra correcta. Debemos aprender a dirigir nuestras vidas. "... el que dirige su propio espíritu es más que el que toma toda una ciudad".

Incluso la técnica más simple que pueda transformar este procedimiento de algo abstracto a una forma concreta, es extremadamente útil. Cualquier recurso que tienda a hacerte *sentir* que estás tomando los pasos correctos, será de un gran y tangible valor.

Por lo tanto, aprende a alabarte por las cualidades que quieres desarrollar. Sé tan amable y alentador contigo mismo como lo serías con cualquier otra persona que está tratando de mejorar. Toda tu vida –pensamiento, cuerpo y emociones– responderá pronto a la alabanza que le des y ¡de verdad desarrollarás las cualidades que deseas desarrollar! Recuerda, ¡siempre estás plantando algo!

1. *Describe con claridad tu entendimiento de la necesidad de depurar tu mente subjetiva.*

2. *Explica la necesidad de seguir los dictados de tu consciencia y de liberarte, aun así, de falsas restricciones que has mantenido por años.*

3. *Describe dos maneras en las que algunas emociones son de gran valor en tu vida, y dos maneras en las que otras originan dificultades.*

CAPÍTULO 7

La Personalidad Valiosa

Si existe un tipo de personalidad que conviene tener –y ésta *existe*– naturalmente querrás saber más sobre ella. Querrás adoptarla en tu vida y estar en posición de sacar provecho de ella.

En primer lugar, ¿qué es la personalidad? Por muchos años, los filósofos y psicólogos han debatido sobre este "algo" elusivo conocido como personalidad; han tratado de explicarla, han buscado mostrar su conveniencia y cómo adquirirla. Probablemente lo sigan haciendo, y cuánto más tiempo sigan haciéndolo, habrá un número mayor de explicaciones.

Una definición que parece cumplir nuestros requerimientos en este momento es: *La personalidad es la manera en que una persona expresa su individualidad.* Separemos esto en sus partes clave y veamos si podemos develar su verdadero significado.

"La personalidad…" significa las características que una persona muestra, el grado al que él o ella ha desarrollado ciertos rasgos y cualidades, y la manera en la que la persona las expone en su vida –su apariencia, modo de hablar, acciones, actitudes, es decir, la forma en que se presenta ante el resto del mundo.

"… expresa su individualidad". La personalidad es la combinación de lo que la persona *hace* –su pensamiento, emociones, acciones– con lo que la persona *es*, su individualidad. Todos somos hijos de Dios, individualizamos todos los atributos de Dios. Conforme a esta herencia espiritual, todos tenemos todas las características de nuestro Padre espiritual: Vida, Amor, Sabiduría, Inteligencia, Paz, Creatividad, Belleza y Gozo.

Lo Que Piensas Que Eres Se Proclama a Sí Mismo

Cuánto más asumas tu verdadera naturaleza espiritual, más capaz serás de permitir que fluya a través de ti y que se exprese como tu personalidad; serás más capaz de mostrar al mundo tu entendimiento de la Vida; serán más claros tus pensamientos sobre tu verdadera naturaleza, y serás más capaz de experimentarla.

Tú eres un individuo y debes expresar esa individualidad en toda su extensión *por medio de tu personalidad*. En la medida en que falles en reconocer o expresar tu individualidad, te estarás negando el experimentar los atributos gozosos de la Vida. Eso que otros saben que eres por medio de tu personalidad, será bueno o malo dependiendo de lo que *tú* sabes que eres.

Por lo tanto, proclámate a ti mismo con toda certeza, como representante de los más elevados atributos que sabes que Dios es.

Ventajas de la Personalidad

Ahora que sabes que desarrollar una buena personalidad es verdaderamente posible para todos, consideremos algunos aspectos de la personalidad.

Social. Este aspecto de la personalidad es probablemente el más importante que debas desarrollar. Aquellos con una buena personalidad social se llevan bien con los otros; son siempre asociaciones deseables.

La manera más simple, fácil y segura de poner a prueba tu propia personalidad en este aspecto, es preguntarte a ti mismo con candidez: "¿Le gusta a la gente tenerme cerca?" Si la respuesta es positiva, puedes estar seguro que tu personalidad social es placentera. ¿Qué valor tiene para ti que otros quieran tenerte cerca? Le suma a la estabilidad en el trabajo; te ofrece oportunidades para ascender; atrae muchos amigos hacia ti, y hace de tu vida una experiencia agradable.

Físico. Una buena personalidad seguramente incluye una buena salud física, dado que la salud del cuerpo es la imagen exterior de la salud mental. Si aceptas la Perfección de Dios viviendo dentro de ti, automáticamente aseguras la buena salud en ti. Si no hubiera ninguna otra razón para inducirte a cultivar una buena personalidad, ésta sola sería suficiente.

Financiero. La recompensa de una personalidad Divina está más allá de todo cálculo. Contiene el secreto de la abundancia, asegura el éxito profesional y en los negocios, y abre el camino para la remuneración financiera. Frecuentemente, la recompensa financiera depende en gran medida de nuestra habilidad para aplicar nuestras cuatro capacidades con gran enfoque en una situación particular. Las personas con una personalidad agradable, amables, consideradas y tolerantes, por lo general no enfrentan oposición, o enfrentan muy poca. Ellas normalmente no tienen que luchar por lo que saben que es correcto (de hecho, los otros siguen fácilmente lo que es bueno y correcto). Si temporalmente necesitan poner a un lado sus propios deseos, lo hacen con gracia, y en poco tiempo los eventos y las condiciones se reajustan. Encuentran que las cosas pronto se encaminan en la dirección correcta. Una personalidad sana es la clave para el éxito financiero.

Espiritual. Los individuos que se alinean con Dios, están constantemente esforzándose por replicar en sus propias vidas cualidades altamente espirituales, y como resultado, esas cualidades se expresan de manera más completa, día a día, en su personalidad. Estas personas están tan profundamente interesadas en dedicarse al "negocio del Padre" que ellas crecen constantemente en su habilidad para reflejar los atributos de Dios.

Entonces, aquellos con personalidades bien desarrolladas son personas felices. Su felicidad está asegurada debido a su bienestar social, físico, financiero y espiritual. Incluso en medio de las variadas demandas de una vida ocupada, están serenos, en control de sus emociones, y en paz consigo mismos, con los que los rodean y con Dios.

La Personalidad Que Merece Ser Cultivada

Llegamos entonces a tres conclusiones sobre el tipo de personalidad que vale la pena desarrollar.

1. Tener una buena personalidad implica irradiar esos atributos de Dios que yacen en ti inherentemente.
2. Una buena personalidad te permite vivir de manera que tu presencia es deseada –a los otros "les gusta tenerte cerca".
3. Esto trae como consecuencia que tengas más ventajas que no tendrías de otra manera. Una de éstas es la oportunidad de experimentar más abundancia de todo tipo, también de dinero.

Algunos Casos Interesantes

Durante los peores años de la Depresión, un grupo de psicólogos de Harvard se propusieron investigar por ellos mismos las causas reales de los despidos, que eran tan comunes. Sabían que los negocios se desarrollaban con extremada lentitud, y en la mayoría de los casos, no les beneficiaba mantener una cantidad fija de empleados, pero se preguntaban por qué se despedía a algunos y a otros no. ¿Cuál era el factor determinante? Si lograban descubrirlo, podrían ayudar a muchos y evitarles el despido.

La investigación involucró a 4,000 hombres de Boston por un período de un año y cubrió a todos los tipos de trabajadores – sin calificación, calificados, profesionales, de apoyo, y ejecutivos– de manera de obtener una representatividad general de la situación. En todos los casos, los hechos se validaron de ambos lados –de lado del empleador y del empleado.

Estos son algunos de los hechos que la investigación reveló:

El informe mostró que en lugar de ser las principales causas de los despidos, "el poco movimiento del negocio", "la necesidad de reducirse", "la reducción de costos fijos", y comentarios similares (que los investigadores esperaban recibir), sólo un pequeño número de aquellos que habían sido despedidos perdieron sus trabajos por una de estas razones. Cuando se tabularon todas las cifras, se encontró lo siguiente:

- El 16% perdió su trabajo por ineficiencia o por falta de habilidad en su labor particular.

- El 8% estaban desempleados porque su comportamiento violaba los estándares acostumbrados de conducta –en algunos casos se trató de delitos mayores.
- El 13% fue despedido por razones varias, incluyendo menos actividad de negocio en la empresa.
- El 63% restante perdió su trabajo en aquel período crucial, cuando era prácticamente imposible conseguir otro empleo, *¡simplemente porque no se llevaban bien con sus colegas!*

La encuesta mostró que en un año, en una ciudad, de 4,000 casos investigados, un total de 2,520 hombres perdieron su medio de subsistencia, no por no ser necesarios, no por un crimen, no por falta de habilidad, ¡sino simplemente porque sus personalidades eran tales que "a los otros no les gustaba tenerlos cerca!"

Si no hubiera ningún otro caso ilustrativo disponible, esta encuesta debería ser suficiente para comprobar "el valor en dinero" de una personalidad agradable.

Coeficiente de la Personalidad

Durante los últimos cincuenta años, más o menos, los hombres de negocios y los profesionales, especialmente los educadores, han dado mucha atención al "Coeficiente Intelectual" de un individuo.

"¿Cuán elevado es su C.I.?" era frecuentemente una de las primeras preguntas que se hacían cuando una persona era considerada para casi cualquier posición. Esto se hacía para garantizar que se daba al empleado un trabajo adecuado para él y para su empleador, satisfaciendo a ambos. Sin embargo, cualquier cosa buena puede llevarse a la exageración; cualquier virtud puede convertirse en un vicio al enfatizarla demasiado. Éste puede haber sido el caso del coeficiente intelectual, dado que trabajadores astutos y persistentes pudieron observar que el C.I. de la persona es mucho menos importante que el C.P. (Coeficiente de la Personalidad), y se está insistiendo en esto actualmente.

"¿Hacen amigos con facilidad y se llevan bien con el público, y con sus compañeros de trabajo? ¿Son un capital para la compañía?"

Con esto en mente, las autoridades de una de nuestras universidades líderes decidieron llevar a cabo una encuesta sobre los méritos del C.I. y del C.P. en las experiencias de algunos de sus graduados. Un año en el Día de Graduación, un grupo de unos cien hombres con C.I. brillantes fueron incluidos en una lista, sin saberlo, con en el propósito de observar sus carreras para ver cuáles eran sus resultados. A todos ellos les fue extremadamente bien académicamente, pero habían fallado en integrarse a sus colegas probablemente debido a su gran interés en los estudios. Habían sido típicos introvertidos, e interesados solamente en alcanzar altos niveles educativos se habían cerrado en sí mismos. En consecuencia se habían alejado de sus compañeros.

Otro grupo de unos cien, escogido también de la clase de graduados, consistía de hombres cuyo rendimiento académico había sido tan mediocre que con las justas lograron aprobar, pero cuyas geniales cualidades de personalidad los hacía tan populares que eran muy apreciados por todos los que los conocían. Probablemente habían dado mucho de sí mismos en actividades estudiantiles, sin ninguna recompensa, por el bien de sus registros estudiantiles, pero a lo largo de sus carreras universitarias tuvieron relaciones felices y útiles, e hicieron amigos.

En ninguno de los dos grupos supieron que estaban siendo objeto de un estudio.

La Prueba del Pudín

Debido a que normalmente toma a un hombre de cinco a siete años establecerse, mientras pasa por el llamado "período de hambruna", las autoridades universitarias sintieron que no sería justo anunciar ningún resultado hasta que hubieran pasado diez años para poder probarse a sí mismos. Sintieron que ésta sería una prueba razonable y estaban ansiosos por ver qué aprenderían sobre el valor del tan deseado C.I.

El grupo de cien era lo suficientemente grande como para compensar por las excepciones individuales; realmente era una buena prueba. ¡Al final de los diez años hallaron que los salarios de los hombres con C.P. elevado fueron tres veces mayores que los salarios de los hombres con C.I. brillantes!

A estos hombres de C.P. alto les gustaba la gente; a la gente les gustaban ellos, y les gustaba tenerlos cerca. Progresaron en sus negocios o en su profesión, llevaron vidas felices y también hicieron dinero.

Por lo tanto, desarrollar una personalidad que rinde –rinde en dólares y centavos, en felicidad, amistad y salud– es algo de particular interés para nosotros. Es una parte definitiva de nuestro entrenamiento espiritual. Es uno de los pasos en ese camino ascendente que nos lleva a una mayor consciencia espiritual. Tal aspiración tiene un lugar privilegiado porque apunta al camino de una vida íntegra, feliz, eficiente, Divina.

El Elevado Privilegio de Pensar Bien

¿Cómo podríamos lograr tener una personalidad así –que rinda? Tenemos que recordarnos constantemente los atributos divinos que por naturaleza yacen en nuestro interior, y debemos renovar nuestros esfuerzos diarios, con persistencia, para propiciar que estos atributos se manifiesten en nuestras vidas. El proceso involucra pensamiento y consciencia espiritual pero también necesita ser acompañado de aquellas actividades objetivas que traducen nuestras elevadas intenciones y ricas aspiraciones en acciones. En nuestros contactos con todos debemos ser conscientes de la necesidad y del gran privilegio que es poner en práctica todas las buenas, amables, consideradas, útiles, motivadoras e inspiradoras cualidades aprendidas.

Tus pensamientos y tus motivos deben ser correctos, tus ganas por construir una vida que asemeje a Dios debe ser mucho mayor que tu deseo por generar mucho dinero. "Busca primero el reino de Dios y su justicia, y todo te será dado por añadidura", es un enunciado que uno no puede ignorar.

Tu pensamiento debe ser correcto y debes entender lo que se dice en el libro de Filipenses: "Todo lo que es verdadero... honesto... justo... puro... amable... de buen nombre, si hay virtud alguna, si algo digno de alabanza, piensa en estas cosas". Éste no es solamente un buen consejo moral, sino que está psicológicamente bien sustentado y muestra un sentido común correcto.

Algunas Cosas para Recordar

Has visto las razones por las que debes cultivar una buena personalidad; has visto sus ventajas; el sentido común te dice que lo hagas. "Cultivar la personalidad que rinde" es tu privilegio y tu responsabilidad. *Sé transformado por la renovación de tu mente.*

Por lo tanto, si hay algo que te disgusta de tus circunstancias de vida actuales, describe claramente en una oración, qué es lo que *sí* quieres. Por ejemplo, puedes estar acostumbrado a decir: "Mi trabajo es aburrido y monótono y no me gustan mis colegas". Ahora cambia ese pensamiento a uno que exprese exactamente lo opuesto: "Estoy encontrando permanentemente un nuevo interés en mi trabajo, así como cualidades agradables en aquellos que me rodean".

Sea cual fuera tu problema, haz lo mejor que puedas en afirmar su opuesto –eso que es lo que tú quieres. Puede ser que no tengas un éxito completo el primer día o la primera semana, pero sigue haciéndolo todas las mañanas y todas las tardes por un mes, y verás si no reconstruyes por completo tu actitud con respecto a ese problema. Esta práctica te rendirá muchos frutos.

Desarrolla también el hábito de buscar el bien en los otros y alabarlos por eso.

Piensa en las cualidades que necesitas en particular en tu propio trabajo –estar alerta, energía, iniciativa, velocidad, apariencia, lealtad, control de emociones o jovialidad. Sean las que fueran, decide mejorar en ellas. Tú eres el único que puede mejorar tu personalidad, es importante hacerlo, y cualquier cosa que te ayude, es de gran valor. *Sé transformado por la renovación de tu mente,* y tú y tus asuntos serán renovados al transformar tu pensamiento.

1. Pon en unas cincuenta palabras lo que entiendes porel
    enunciado: "La personalidad es lo que una persona es,
    vocalizándose a sí misma".

2. ¿Socializas con gente con facilidad? De ser así, continúa haci-
    éndolo, pero no desperdicies tiempo sin sentido. Si es difícil
    para ti hacer amigos, escoge por lo menos una actividad que
    disfrutes, jugar al boliche, al tenis, hacer caminatas, o algo que
    te mantenga entretenido mientras estás activo y haciendo tra-
    bajo físico, de preferencia en exteriores, con otros. Escribe un
    breve texto sobre lo que harás para participar con otros de esa
    actividad.

3. *Observa cuidadosamente a una persona entre tus allegados que evidentemente tiene un C.P. elevado. Decide cuáles son sus cualidades especiales, y escríbelas aquí.*

4. *¿Por qué es necesario pensar en las cosas que los Filipenses nos mencionan? ("Todo lo que es verdadero..." etc.) ¿Qué hace por nosotros tal forma de pensar?*

CAPÍTULO 8

Encontrando la Riqueza
de la Vida

¡Lo que la persona cree y hace determina los resultados que él o ella obtiene! Pero algunos pueden decir: "Esa teoría es buena pero no funciona en la vida real. Siempre he hecho todo lo mejor que puedo, pero las cosas no me resultan bien. ¡Yo no tengo suerte!"

Otra vez, estamos impresionados de la manera en que lo que una persona experimenta es el resultado de su pensamiento. Éste es el resultado directo de ser humano, de poseer consciencia –ese aspecto del desarrollo humano que confiere a cada uno el derecho y el poder de elegir.

Solo Tú Escoges Tu Propio Bien

El hecho primordial es que nosotros deseamos un bien mayor –salud, dinero, armonía, un mejor negocio, mayores recursos, un trabajo diferente y mejor– o todo lo demás que incrementa nuestro gozo por la vida.

¿Cómo nos enseña la Ciencia de la Mente a conseguirlo? El sentido espiritual nos dice que primero debemos entender la Ley Espiritual –la Ley que estás tratando de utilizar. Necesitas recordar que el Espíritu te rodea, que es ilimitado y fuente de todas las cosas; también que está siempre *convirtiéndose* en algo en tu experiencia y que la naturaleza de ese "algo" la decides tú. Debes recordar que la Ley es totalmente imparcial y neutra. No le importa qué orden se le dé. Produce lo que se planta en Ella, como la tierra en el huerto. Seguramente, para este momento, ya alcanzaste este entendimiento. Sabes sobre esta actividad espiritual, incluso si no la usas siempre para tu bienestar.

Así fuera el caso ilustrativo del "huerto" demasiado simple y conocido, recuerda esta parte importante de él: a pesar de no entender los procesos que se dan en tu huerto para que las semillas se conviertan en plantas, no tienes que esperar a tener un completo entendimiento de este maravilloso proceso de la naturaleza; *solo decídete y úsalo.* Ésta es tu guía por ahora. ¡Qué importa si no puedes visualizar cómo se da algo que deseas! Estás persiguiendo un resultado; ¡eso es lo que cuenta!

Acepta y Usa la Ley de Dios

Tú sabes que la semilla de rabanito producirá rabanitos y *nada más;* y sabes que la única cosa que puede crecer de tus semillas de zanahorias son zanahorias. Porque lo *sabes,* actúas de forma consecuente. Tú *aceptas* esto como una ley de la naturaleza con la que puedes contar. Veamos ahora si puedes ser tan razonable en materia de tu siembra espiritual, donde necesitas el mismo tipo de aceptación.

Tal aceptación tiene que involucrar una profunda convicción, una creencia perfecta. No trates de imponer esta creencia a la fuerza, sobre tu voluntad. Deja ir cualquier esfuerzo –la forma de Dios de hacer las cosas debe ser la mejor. Sólo dite a ti mismo: "Ésta es la forma en que estas cosas se hacen. He aprendido lo suficiente para saber que éste es el método de Dios para conseguir resultados y lo acepto. Lo creo. ¡Sé que es así! Sí, lo acepto. El resultado particular al que le estoy dando ahora mi atención *ya es mío.* La gran Fuente ilimitada de recursos está solo esperando que coloque mi orden. Debido a que tengo un entendimiento suficiente de la Ley infinita para saber que ésta es la manera en que mi bien viene a mí, y porque he escogido lo que éste será, estoy cumpliendo los requisitos de la Ley, y por lo tanto yo sé que este bien en particular es mío *ahora.*

"*Siento* la experiencia. Me imagino a mí mismo disfrutándola. Veo lo deseable que es y el valor que tiene. Estoy planeando la forma como suma a mi valiosa experiencia de vida. Debido a lo que esto significa para mí, o a las maneras especiales en que puedo usar este bien, soy de mayor utilidad e inspiración para los otros. Ésta es una de las razones por las que la elijo. Yo sé que mi principal labor en la vida es 'dedicarme a los asuntos de mi Padre', y este bien me hace capaz de hacerlo con mayor efectividad. Lo que sea que reciba está siendo confiado a mí como un valioso administrador de la abundancia de Dios".

"Solamente usando sabiamente mis talentos, privilegios, oportunidades, responsabilidades o fondos, estos me traerán beneficios. No debería enterrarlos en la tierra, no debería desperdiciarlos; debo *usarlos* constantemente de manera que sirvan a otros. En ese servicio, estos crecerán. Produzco con inteligencia y plenitud con aquello que se me ha confiado. ¡El bien que he escogido es ahora mío!

La Fe Unida a la Obra

Ahora, consideremos el proceso de la construcción de un "Equivalente Mental". ¡Necesitamos sentir que el bien deseado *ya* es nuestro! ¡Y lo es! Así es como funciona la Ley. Ella manifiesta lo que aceptamos. *Eso es fe.*

Cuando se ha alcanzado esta profundidad de consciencia, es buena idea poner el deseo específico en palabras y enunciarlo, con perfecta seguridad en tu derecho y poder para hacerlo. Esto planta la semilla en la tierra espiritual y confirma el resultado en tu propia consciencia, haciendo que sientas una satisfacción gozosa y agradable al saber que has hecho tu parte en la secuencia creativa. Has preparado la tierra, has escogido tus semillas y las has plantado. Se las has delegado a la Creatividad del Espíritu infinito que manifiesta tu cosecha.

Esta "declaración" unifica la Fe y la Obra. Es pensamiento afirmativo hecho con consciencia espiritual, con entendimiento y aceptación.

Lo que debes recordar fundamentalmente es que éste es un proceso espiritual en el que te haces a ti mismo completamente receptivo; así, con una actitud de aceptación perfecta, haces tu declaración. Sin embargo tu huerto mental no será un éxito si no lo cuidas. Va a ser un trabajo arduo hacer que produzca el resultado que deseas, pero no te sentirás satisfecho con nada menos que verlo cumplido en su plenitud.

El Gozo de la Acción Correcta

Ahora nos movemos de la parte del Equivalente Mental de nuestro empeño hacia la parte de la Acción Real, porque hay trabajo que hacer. Seguramente la primera parte (establecer el Equivalente Mental) es de suma importancia, porque de no haber escogido tu bien y haberlo declarado, no habría de qué esperar resultados. Aun así, si no le das una atención continua, no podrás esperar resultados muy significativos, pero estarás tan emocionado con lo que *sí* ves desenvolverse, y por la satisfacción que siempre da el logro, que el proceso no te parecerá difícil. De hecho, será realmente un placer y serás retribuido con creces por todo lo que hagas.

Entonces, el bien que has escogido y sembrado en el plano de la Causa requiere de acción concreta de tu parte y ¡necesita ser una Acción Afirmativa también! "Dios hace *por* nosotros lo que Él hace *por medio* de nosotros", es una verdad de tal importancia que no podemos permitirnos ignorarla. ("Dios ayuda a aquellos que se ayudan a sí mismos" es otra manera de expresarla.)

Todo lo que *puedas* hacer objetivamente para promover este bien elegido es, por supuesto, lo que *estarás* haciendo. Menos que eso será inmaduro e infantil. Nadie espera obtener nada sin pagar el precio justo por ello. Ese precio, en el mundo objetivo, consiste normalmente de buen trabajo, estudio sistemático, desarrollo personal u otra acción concreta que represente tu parte de la transacción.

Cuando sembraste tu huerto sabías que requeriría cuidado todo el verano. Has sembrado un gran, sincero y valioso deseo en el plano de la Causa y debes del mismo modo estar sinceramente dispuesto y deseoso de hacer tu parte objetiva para que se desarrolle a tu favor. Ésta es la Acción Correcta. Esto es *Obra*. La Fe sin Obra, como dice la Biblia, *está muerta*.

Declara la Acción Afirmativa en Operación

El término "Acción Afirmativa" tiene un significado aún más profundo y ligeramente diferente. Durante tus momentos de meditación cuando contemplas lo que has elegido, cuando sabes que es algo de valor –y particularmente cuando sabes que es secundario a lo básico, "Busca primero el reino de Dios"– también sabes, en la mayoría de los casos, que su desarrollo concreto involucrará la actividad de otras personas. Se podría necesitar la participación de alguien de alguna manera en particular o la cooperación de varias personas, o tal vez podría necesitarse un reajuste frente a alguna situación que parezca obstaculizar el cumplimiento de tu deseo. Como fuera, nadie es tan sabio como para saber qué y cómo debe darse exactamente.

Necesitas recordar siempre que incluso cuando entiendes una situación completamente y has usado tu mejor juicio, cuando piensas que puedes ver con claridad las condiciones, circunstancias y resultados, la *mente finita –tu mente individual– puede ver solo superficialmente*. La Mente Infinita, sin embargo, puede ver y saber todo lo que está debajo, encima y alrededor... pasado, presente y futuro... todo lo que queda bloqueado totalmente de tu visión limitada y consciente. El ajuste particular que tú consideras deseable podría no ser el correcto, después de todo.

Puede haber una docena de aspectos diferentes que tú no conoces y todos pueden tener una influencia directa en el correcto resultado de este bien deseado por ti. ¿Qué puedes hacer entonces? ¿Elevarás tus manos en desesperación preguntando de qué sirvió todo esto? ¿Dirás que no sabes cuál será el resultado?

¡De ninguna manera! Nuestra mente es una expresión particular del Dios-Mente, por medio de la cual la Sabiduría de Dios, como acción creativa y directriz, puede incidir sobre situaciones y circunstancias particulares. Esta acción es siempre correcta porque es la Acción de Dios. Por lo tanto, parte de tu declaración está echando a andar aquello que es la "Acción Afirmativa", de manera que suceda lo que es mejor para ti. Con perfecta seguridad, puedes declarar que la Acción Afirmativa se está dando. Entonces estarás seguro de obtener los resultados correctos.

No Describas

Algunos de tus pensamientos más cuidados y algunas de las actividades que has ejecutado con mayor diligencia, pueden aparentar, por el momento, estar fallando en producir el bien que deseas. No hagas un juicio apurado. Eso que está sucediendo podría ser un paso hacia el cumplimiento de aquellos procesos invisibles que eventualmente harán que suceda eso que se desea. No debe hacerse un juicio apurado sobre la efectividad o la inefectividad de lo que hayas hecho. Detrás de todo eso debe haber una segura calma de que la "Acción Afirmativa" se está manifestando en los eventos que ocurren, porque has declarado tu aceptación de la misma. Ya sea que la Acción Afirmativa se está dando como resultado de tus propios esfuerzos, de la labor de otros, o de alguno de cientos de diferentes eventos, contactos, influencias o circunstancias, el cómo realmente no es relevante.

Puedes estar seguro que lo correcto se está dando. El proceso implica un entendimiento intelectual de la Ley espiritual, la convicción emocional de que el bien escogido es realmente tuyo, la declaración oral respectiva para fijarlo firmemente en tu consciencia, y el conocimiento final de que está establecido como la ley de tu experiencia.

Debe haber también una aceptación espiritual de que todo se da conforme a la ley y al orden, y de que nada puede evitar que tu bien se desarrolle de la manera correcta y llegue a ti. (También debe darse la actividad física de tu parte, que redondea el procedimiento. Ésta es la combinación de la Fe y la Obra que garantiza el éxito).

Crecimiento Normal

Aproximadamente una semana después de haber sembrado tu huerto, ¿llegaste a casa una tarde y te dedicaste una o dos horas a trabajar en él? ¿Lo observaste y decidiste que era un fracaso porque no había llegado a su madurez? ¿Decidiste que era un error de tu parte pensar que obtendrías algún fruto? ¿Dijiste acaso que no intentarías sembrar nunca más porque no había crecido nada en él? Seguramente no lo hiciste. Sabías que tomaría algún tiempo.

También toma tiempo que crezcas en sabiduría espiritual y que reconozcas el poder de la declaración, la aceptación y la actividad. El crecimiento no es instantáneo; es gradual. Los resultados no llegan inmediatamente la mayoría de las veces. En casi todos los casos, los resultados deseados se dan por medio de agentes humanos normales. Si necesitamos más dinero, éste no llueve del cielo. Llega a nosotros a través de canales naturales y normales. En prácticamente todos los casos el cumplimiento de nuestros deseos está ligado a otras personas, y a lo que piensan y hacen. La Acción Afirmativa que has decretado puede ser algo que involucre un período de tiempo considerable, pero tienes que aceptar *ahora mismo*, que el resultado deseado se ha manifestado.

Cuando sabes en el fondo de tu corazón que lo correcto está sucediendo, aunque no tengas evidencia de ningún progreso, seguramente no tienes ocasión para sentir impaciencia o decepción. Sigues haciendo lo que parece sabio hacer, con energía y entusiasmo, pero libre de toda tensión o presión. Tu orden ha sido colocada en el Almacén Universal y no hay nada de qué preocuparse.

Recuerda estos dos puntos:

1. Tu consciencia espiritual está creciendo.
2. Los eventos, influencias y actividades que producirá la Acción Afirmativa para ti se están dando por medio de procesos naturales –que traerán a ti el resultado correcto, ya sea que veas los pasos del proceso o no.

Sé Razonable

Si no tuvieras ninguna experiencia en sembrar, cultivar y cuidar cultivos, sería tonto empezar con una hacienda de mil acres de productos diversos. Sería mejor empezar con unos cuantos acres hasta que aprendas los principios de la horticultura. Te irás preparando, gradualmente, para proyectos más grandes en el futuro, con una mayor seguridad y menos dudas. Lo mismo es cierto en el plano espiritual. Es sabio utilizar este principio primero en pequeños asuntos de la vida cotidiana; para adquirir habilidad puede que necesites mucha práctica. El principio no falla, pero necesitas la habilidad para usarlo, por lo tanto, no postergues el uso positivo de la Ley para el bien, hasta que te encuentres frente a una emergencia. Practica hoy con las necesidades menores.

Seguramente no pase un día sin sus propios requerimientos especiales –tal vez pequeños, pero demandan solución, y debes hacerles frente *ahora*. Empieza hoy tomando todas tus necesidades de cada hora y aplicándoles el principio de Fe y Obra. Algunos asuntos así de simples pueden presentarse:

- Quiero resolver esa pequeña riña entre los niños del barrio.

- Necesito cobrar con mayor eficiencia mis facturas este mes.

- El local de mi negocio necesita mejor equipamiento.

- ¿Cómo podría hacer para que mi publicidad dé mejores resultados?

- Debe haber una mayor armonía en mi familia y entre mis trabajadores.

- Debo mejorar mis destrezas y ganar un salario más elevado.

Mantén siempre en mente que la fe en este principio es de suma importancia. Cree, declara, y luego acepta; todo esto activa la Mente Universal. Entonces *tú* actúas en conformidad, porque ésta es tu labor en el plano objetivo de la experiencia.

1. *Nombra un deseo que tengas. Escribe brevemente todos los pasos que desees tomar para construir un Equivalente Mental, y para asegurarte a ti mismo de la Acción Afirmativa respectiva.*

2. *Ahora haz una lista de las cosas que harías de manera objetiva para que suceda.*

3. *Experimenta con algún deseo pequeño durante la semana. Sigue con cuidado las pautas dadas en este capítulo y escribe un breve registro de tu experiencia.*

CAPÍTULO 9

Crecimiento Espiritual

Existe algo en el interior de todos que nos empuja constantemente hacia delante, que demanda nuestro progreso continuo.

La inercia puede hacer que no le prestemos mucha atención, pero este ánimo está siempre ahí. Es lo que nos hace seguir avanzando a veces casi en contra de nuestra voluntad. Es una cualidad inherente en todas las personas que se reafirma a sí misma, ya sea que lo deseemos o no, porque es lo que *somos* que demanda expresión.

Siendo hechos a imagen y semejanza del Padre, no podemos aceptar la parálisis; algo protesta en contra de ella. Debemos avanzar hacia una estatura espiritual más elevada y más satisfactoria. Este "descontento divino" es un factor propio de nuestra misma constitución, y no somos felices si no seguimos sus impulsos. No podemos apartarnos de él porque es parte de nuestra naturaleza. Su actividad en nosotros promueve lo que llamamos "el crecimiento espiritual".

Probablemente estés al tanto de que mucha gente parece haber descontado la importancia del crecimiento espiritual, y por lo que podemos observar, esa gente está decreciendo en lugar de crecer. Pero esto puede no tener ninguna relevancia porque no podemos saber cuáles han sido sus experiencias íntimas, sus pensamientos, sus esperanzas o deseos. No sabemos dónde están en su evolución espiritual, ni todo lo que podrían haber tenido que superar para llegar por lo menos hasta ahí. A pesar de haberlos conocido de niños, aun así, no podemos conocer realmente sus antecedentes en detalle. Debido a esto, no podemos saber cuáles han sido verdaderamente sus esfuerzos hacia el crecimiento. Debemos enfocarnos en nuestro propio desenvolvimiento, que es algo por lo que somos específicamente responsables.

Aspectos Diferentes del Desenvolvimiento

Es alentador darse cuenta que tu propia naturaleza te mantiene constantemente en crecimiento, y que también te provee los instrumentos a través de los cuales alcanzar ese crecimiento. Tienes un cuerpo físico, una naturaleza emocional compleja y un intelecto. Estos tres aspectos de tu naturaleza, que están intrínsecamente inter-relacionados y reaccionan con fuerza uno sobre el otro, son para ti un trío de capacidades a utilizar en tu proceso hacia el progreso.

Probablemente estés más familiarizado con la naturaleza de tu cuerpo físico que con tus emociones y tu mente, por lo tanto, empecemos con estas últimas. El cuerpo es la casa en la que vives en el presente y necesitas mantenerlo en buenas condiciones por medio de la correcta actitud mental hacia él. Tu cuerpo tiene derecho a tu respeto. "¿No sabes que tu cuerpo es el templo del santísimo (Espíritu) ...?"

El cuerpo es particularmente sensible a tus estados emocionales. Si estás triste, descorazonado, sombrío, preocupado o temeroso –todas estas emociones problemáticas– tu cuerpo refleja inmediatamente ese sentimiento problemático y tu estado de salud se deteriora. (La palabra "salud" (health en inglés) es simplemente la versión moderna de la palabra "wholth", que significa integridad). Si no estás sano emocionalmente, no puedes estar en buen estado de salud físicamente.

Una Atmósfera de Salud Emocional

Sabemos ahora que existe una relación tan cercana entre el cuerpo y las emociones que buscamos construir la salud física *por medio* de la sanación emocional. Debe designarse un tiempo cada día para esa construcción. Es especialmente sabio mantener con fe en la mente expresiones como:

"Estoy lleno de la Vida y el Amor de Dios".

"Me siento fuerte y vibrante".

"La Vida de Dios emana de todo mi cuerpo".

"Funciono con normalidad, íntegra y efectivamente".

"El Poder y la Perfección de Dios fluyen a través de mí constantemente y me mantienen con una salud excepcional".

"Me regocijo en la integridad emocional".

Cuando tales enunciados son contemplados con verdadera alegría, llevan una emoción gozosa a cada parte del cuerpo. Crean y mantienen una atmósfera de salud que se hace parte de las nuevas células creadas. El sentimiento de bien que conllevan estos enunciados se convierte en una actitud en el cuerpo, y si se persiste en ellos, se vuelven un hábito que lleva consigo el poder de reproducirse a sí mismo continuamente.

Esto es muy importante porque todos nos encontramos en algún momento por debajo de nuestro nivel físico acostumbrado y necesitamos algo que nos regrese a la normalidad. Una de las mejores cosas que puedes hacer es practicar con estas afirmaciones y también practicar el tener un cuerpo sano, un pecho expandido, una postura recta, y una manera fácil y libre de llevar el cuerpo –indicios todos de una buena condición física. Estos reflejos "automáticos" son íntegros; no te cuestan nada en efectivo; ocupan solo un mínimo de tiempo; y traen excelentes resultados.

Por medio de un pensamiento tal cambias también tu entorno. ienes una mejor opinión de las personas. Ves con mayor claridad el bien en ellas (mucho del cual puede haber estado escondido). Esto es algo que puedes probar por ti mismo con facilidad, e incidentalmente es algo que debes probar a diario. Cuando piensas bien de la gente, y especialmente cuando expresas esa aprobación, les fijas inmediatamente un estándar que ellos tratarán de alcanzar. Es la manera más rápida de hacer brotar las buenas cualidades de cualquier persona.

Pero el "entorno" consiste de cosas, así como de personas, y tu aprecio y aprobación de todo lo que es bueno, incluso las cosas, sostendrá una noción de sus cualidades deseables en tu consciencia, haciéndote más feliz. Además, seguramente traerá a tu atención algo que puedas hacer para mejorar la apariencia, condición o utilidad de esas mismas cosas, incrementando así su deseabilidad. ¡El pensamiento sí cambia el entorno!

Realización Espiritual

El pensamiento afirmativo te da la posibilidad de trabajar en cumplir tus planes. Esto es de tal importancia que no puedes permitir que la negación interfiera en ellos. Tu pensamiento debe contener lo mejor, porque quieres que tu bien rinda los mejores frutos posibles. Cuando estás libre de la negación del conflicto emocional, tu mente se convierte en un canal claro y puro, por medio del cual fluye la Sabiduría de Dios, y el bien que deseas es creado para ti. Eso es lo que necesitas para ser exitoso.

De la misma manera, la habilidad para pensar sin la interferencia de sentimientos negativos, es necesaria para desplegar esa realización más profunda y espiritual, que es tu más elevada aspiración. Esa realización es un desenvolvimiento eminentemente más profundo que el logro intelectual. Es tal unificación consciente de uno con el Padre que llegas a percibir la más completa unidad. Es una experiencia que probablemente no puedas plasmar en palabras, pero es sin embargo tan real, que nadie que la haya experimentado puede jamás negarla. Es lo que toda la humanidad ha buscado por siempre, porque es la naturaleza inminente de todas las personas encontrar eventualmente su verdadera relación con Dios –la de hijos de Dios.

Así, el pensamiento claro, la salud, la felicidad, la amistad y la prosperidad, son todas importantes y valiosas, pero son también peldaños en la escalera que debemos subir en nuestro ascenso hacia la realización espiritual.

Si lo vemos de otra manera, podemos decir que la realización espiritual es la *base* de todas estas expectativas. Para alcanzar una consciencia espiritual elevada (a la que llamamos realización), la humanidad tiene aseguradas todas estas otras cosas. Es una regla que funciona en ambos sentidos.

Cómo Hacerlo

¿Cómo se debe hacer todo esto? Ésa es la pregunta práctica para la que quieres una respuesta.

Desde la primera página de este libro –por medio del estudio del nivel mental– has estado aprendiendo la respuesta a esta interrogante. De la manera más simple, has aprendido cómo está constituida tu mente; cómo es una expresión y actividad de la Mente de Dios; cómo puedes usar el poder creativo de tu propia mente aplicándola a tus experiencias cotidianas. Paso a paso, has crecido en el entendimiento y has aprendido cómo poner ese entendimiento a trabajar.

Una idea entendida a fondo y puesta en práctica es mucho más valiosa que la lectura de libros si no se hace nada con la información adquirida de ellos. Leer extensamente sobre un tema nuevo resulta frecuentemente muy confuso. Por lo tanto, empápate solamente de algunos principios básicos hasta tenerlos firmemente establecidos en tu mente e integrados en tu pensamiento como hábitos. Entonces estarás listo para material adicional.

El Valor de la Oración

La oración es otra parte del procedimiento para alcanzar la realización. La rica herencia de asociaciones y experiencias que rodea a la palabra "oración", hacen de ésta una de las palabras más poderosas y hermosas de nuestro lenguaje. La palabra trae en sí misma una especie de bendición. Y a pesar de esto, con frecuencia, no se le entiende correctamente. Si piensas en la oración simplemente como una forma de pedir a Dios aquello que quieres, una súplica por confort y provisiones, una manera de sonsacarle favores, estás tristemente limitando el significado de esta maravillosa palabra.

La oración es el contacto de nuestra mente con la Mente de Dios, de tal forma que trae a la realidad física el bien deseado. Eleva a la persona hasta hacerla consciente de su relación con el Padre espiritual. La relación conlleva todos los derechos del ser hijo; esto es, el derecho de usar y disfrutar las abundantes provisiones del Padre; y esas provisiones son materiales, emocionales y espirituales.

Sabemos que el Padre es el Espíritu que Todo lo Rodea. Sabemos que cada persona tiene derecho a una buena parte de esa abundancia. Ya vimos que la oración efectiva involucra la depuración de los pensamientos, la afirmación clara y la acción correcta. El dedicar tiempo en silencio a conocer tu derecho como hijo del Padre Único, siendo consciente de tus privilegios como Su hijo y agradeciéndolos sentidamente –todo esto es la oración.

No existe un texto moderno que pueda superar la definición que se encuentra en un antiguo himno de Montgomery, que empieza así:

La oración es el deseo sincero del alma,

Pronunciado o sin ser expresado;

El movimiento de un fuego escondido

Que tiembla en el pecho.

Otra expresión mucho más antigua es la que leemos en Job:

Elevarás a él la plegaria y él la escuchará,

y tú le rendirás alabanzas.

Decretarás también alguna cosa

y ésta se manifestará en ti:

así, la luz brillará sobre tus caminos.

En el corazón mismo de este enunciado encontramos la perfecta garantía. ¡Encierra calma y confianza completa! ¡Contiene el saber perfecto!

¿Son respondidas las oraciones? Sí, si son verdaderamente oraciones. ¿En qué medida corresponden las respuestas a los resultados deseados? Jesús responde esto una y otra vez: "Se te hará en ti según tu fe".

¿Cómo debemos rezar? Una vez más, Jesús nos da pautas explícitas:

Entra al vestidor, y cuando hayas cerrado la puerta, rézale a tu Padre en secreto; y tu Padre, que ve en secreto, te retribuirá abiertamente.

¿Qué quiere decir la palabra "vestidor"? Una habitación en silencio provee la privacidad que usualmente fomenta la oración efectiva. Lejos de toda distracción podemos entrar, con libertad y sin restricciones, en comunicación con Dios. *Vestidor,* sin embargo, se refiere a una habitación mucho más privada; implica aislar la mente temporalmente de todo aquello que pueda interferir con el acto de rezar. Significa cerrar la puerta a todas las preocupaciones, ansiedades, miedos y tensiones –a todo lo que podría invadir y perturbar la dirección de tu pensamiento.

Estás teniendo una cita con Dios, recibiendo instrucciones de tu Padre. No debes permitir que nada interfiera con esa cita. Has ingresado al vestidor de tu mente y estás solo con Dios. Tu oración es una experiencia personal, y "el Padre que ve en secreto te retribuirá abiertamente". Después llevas a cabo todas las actividades de tu día, libre de toda ansiedad, porque la Sabiduría del Padre está funcionando en ti y a través de ti. De esta comunicación has obtenido nueva fuerza, felicidad y guía. La experiencia del tiempo de oración se ha dado en una sensación de vitalidad y seguridad. Tu labor solo puede progresar ahora en la dirección correcta. Tus asuntos prosperarán. La *realización* es tuya.

Más que esto, sin embargo, necesitas recordar que este gozo, esta satisfacción y esta sensación de unidad deben traducirse en acción en tus relaciones con los otros. Esta rica e íntima experiencia tiene que ser llevada a manifestarse en una expresión externa que ofrezca gozo, coraje, ayuda, o un bien específico de algún tipo a otras personas. Para mantener el valor de esta experiencia íntima espiritual debes compartirla, expresarla en acción. Ésta es una necesidad.

El estudio, la oración y la realización son los aspectos espirituales de tu emprendimiento; pero las actividades físicas, emocionales e intelectuales también tienen su parte en concretar tu bien deseado –que en este caso es el desenvolvimiento de tu naturaleza espiritual interior.

PREGUNTAS PARA EL AUTO-ANÁLISIS Y PARA UN MAYOR ENFOQUE

1. *¿Qué palabras e ideas en particular has estado usando para crear mejores hábitos mentales? ¿Qué logros estás teniendo?*

2. *Haz un esfuerzo específico esta semana por concretar condiciones más armoniosas en tu entorno. Observa los resultados y escríbelos aquí en pocas palabras.*

3. Encuentra en la Biblia dos o tres enunciados sobre la oración que te hayan sido particularmente útiles, y escríbelos aquí.

4. ¿Cómo explicas tu derecho a exigir cualquier resultado específico cuando rezas?

CAPÍTULO 10

Una Mejor Vida ¡Ahora!

Por motivos prácticos, debes querer usar sabiamente tu habilidad creativa para propiciar tu bienestar físico. Si estás enfermo, o de alguna manera por debajo de lo que consideras tu condición de salud normal, de por sí es una amplia evidencia que algo necesita hacerse. ¡Nadie quiere estar enfermo! Es en este momento cuando debes ejercer tu dominio; debes usar tu autoridad, declarando y afirmando en oración que las condiciones corporales regresan en este momento a lo normal. Puede hacerse, y el conocimiento de que sí se puede constituye uno de los grandes avances en el campo mental-psicológico-espiritual.

Ciencia de la Mente enseña, que siendo parte de la Unidad Infinita, tú puedes declarar tu condición física perfecta y ésta se manifestará. Éste es el uso concreto de la Ley. Tu *pensamiento*, sustentando en la fe y la convicción, es el inicio de tu experiencia de integridad física que se manifiesta en la medida en que lo creas.

No se niegan el hecho y la experiencia de la enfermedad, pero aprendes a verlos como lo que realmente son –la imagen de una creencia, una idea, o un patrón de pensamiento. Son solo efectos, resultados de una causa. Pueden ser cambiados o descartados, y puedes establecer como causa, en el plano creativo de la Ley, la idea creativa opuesta –la de salud perfecta. La Ley de la Mente actúa sobre aquello que se ha sembrado con firmeza y total convicción en tu mente, y por eso *tiene que manifestarse en el mundo de la experiencia.*

Sanación Física

Si enfrentas alguna enfermedad del cuerpo, haz lo siguiente por lo menos dos veces al día: Ponte tan cómodo como puedas, dejando ir toda tensión. Decide olvidar la incomodidad física, el dolor, la fiebre o cualquier otro síntoma que te aqueje, por lo menos por unos pocos minutos. Intenta dejarte ir, relajarte por completo, de manera que toda tensión desaparezca de tu cuerpo. Cierra tus ojos y descansa en el saber que tu cuerpo es la casa en la que Dios habita, que Dios está en ti como tú, y que Dios es lo que eres. Luego, en silencio y muy lentamente, con mucho tiempo para entender cada palabra, di lo siguiente:

Hay solo una Vida, y esa Vida es Dios, esa Vida es perfecta, esa Vida es mi vida ahora. Mi cuerpo es una manifestación del Espíritu Vivo. Es creado y sostenido por la Presencia Única. Ese Poder fluye dentro y a través de mí ahora, animando cada órgano, cada acción y cada función de mi cuerpo físico. En él hay circulación perfecta, asimilación perfecta y eliminación perfecta. No hay congestión, no hay confusión, y no hay inacción. Soy Uno con el ritmo infinito de la Vida que fluye a través de mí en amor, armonía y paz. No hay miedo, no hay duda, y no hay inseguridad en mi mente. Estoy permitiendo que esa Vida, que es perfecta, fluya a través de mí. Hay una sola Vida; esa Vida es Dios, esa Vida es perfecta, esa Vida es mi vida ahora.

Notarás que no se nombró ningún malestar en particular. No has pedido nada. Has estado tratando de *manifestar* lo que *eres*. Ésta o cualquier otra meditación similar debe ser usada con frecuencia durante todo período de enfermedad. El trabajo verdadero está en convencerte a ti mismo de tu perfección natural. Cuando desaparezca toda negación de tu consciencia y sientas que eres parte específica del Infinito, un hijo del Padre Único, con los atributos de Dios, entonces habrás sembrado la idea de la salud en tu mente y se manifestará en tu cuerpo. Esto es lo que hace la meditación efectiva o la oración.

Hacer que se manifieste la sanación es, en realidad, ejercitar el dominio que tienes por derecho sobre tu salud.

Finanzas

Tener manejo sobre tus asuntos financieros es de gran importancia y valor. Todo lo que se debe hacer es revisar otra vez el principio básico. Éste cubre todas tus necesidades. El requisito es que entiendas y uses la Ley de la Mente Infinita. Cualquier cosa que declaras con convicción a la Mente, y según la cual actúas, se manifiesta en tus asuntos. ¿Estás necesitado de dinero ahora? Entonces permite que tu meditación siga estas líneas:

Primero, "entra al vestidor" de tu mente, el lugar privado y silencioso de tu consciencia. Olvida todas tus necesidades. Ponte cómodo. Haz de tu conocimiento que vas a conversar con tu Socio Principal. Puedes confiar en Dios, permite entonces que tu mente esté en paz. Deja a un lado tus preocupaciones. Pasa algunos minutos pensando sobre las muchas bendiciones que tienes ya – las cosas simples de la vida. Nombra algunas de ellas, y agradece por ellas. ¡Siéntete *realmente* agradecido por ellas, y dilo! Permanece en perfecta quietud y pronunciando tus palabras con suavidad, confianza y alegría, usa expresiones como éstas:

> *Padre-Madre Dios, te busco como Socio Principal en mis asuntos de negocio, para recibir de Ti la guía que necesito. Yo sé que me dirijo a ver y hacer lo correcto, por eso soy provisto con el dinero necesario para cubrir todas mis necesidades de bien.*
>
> *Ahora declaro que se establecen los contactos correctos, las influencias correctas se ponen en acción, y las actividades correctas empiezan a darse, de manera que mi abundancia se hace manifiesta. Declaro que existe acción afirmativa con respecto a todos mis asuntos.*
>
> *Sé que el Universo responde a mi palabra creyente, y que los resultados correctos y la retribución correcta son míos. Soy guiado para encontrar a las personas correctas, decir y hacer lo correcto, dar el tipo de servicio correcto, y hacerme valioso para los otros. El dinero para cubrir todos mis requerimientos es mío ahora.*
>
> *Vivo íntegramente y con eficiencia, y doy con generosidad. Sé que los fondos abundantes para hacerlo son ahora míos y ellos llegan exactamente de la manera correcta.*
>
> *Estoy agradecido por esta provisión abundante; doy las gracias sinceramente por ella. La he decretado y se ha*

*establecido en mí. Le doy uso con libertad, al servicio de
Dios y de la humanidad, sabiendo que al verterse de cualquier manera en ayuda amorosa a los otros, está siendo
bendecida constantemente y más dinero tomará su lugar
tan rápido como sea necesario.*

*Ahora salgo y "actúo consecuentemente". Expreso la
actitud de la abundancia, me siento y me veo próspero.
Creo en mi prosperidad. Y así prospero.*

Empleo

Si esta meditación se usa con el propósito de encontrar empleo,
piensa en Dios como el Gran Gerente de la Empresa, que sabe
exactamente dónde enviarte para conseguir los contactos adecuados. Si la usas para mejorar tu negocio actual, toma un tiempo
holgado para afirmar que se está manifestando ahora nueva
actividad; que estás encontrando nuevas formas de hacer tu
negocio más productivo, y especialmente, que los métodos y los
medios para ofrecer un mejor servicio llegan a tu mente, de modo
de hacer tu negocio más valioso ante los otros. Tu Socio Principal
en los negocios puede siempre ofrecerte los planes correctos,
si tú decretas y aceptas que así será.

El incremento en tu prosperidad involucrará seguramente
a un cierto número de personas –su pensamiento, influencia,
cooperación, y tal vez su actividad misma. Pero no necesitas saber
quiénes son o dónde están. Tu Socio Principal se hará cargo de
eso por ti. Tienes dominio sobre tus asuntos de negocios exactamente en la medida en la que creas que lo tienes, y necesitas
actuar consecuentemente.

Una Nueva Idea

A veces surge una situación en la que requieres de una idea
completamente nueva, y no tienes idea cuál puede ésta ser. En ese
caso, no hay una *cosa* específica que pedir, solo una *idea;* pero pedir
una idea, incluso cuando no sabes cuál deba ser, es tan específico

como pedir un envío rápido de bienes, un trabajo, dinero para comprar una casa, o cualquier otra cosa.

Si este algo difuso –una idea desconocida– puede resolver tus dificultades, acéptalo. Entonces la parte central de tu tiempo de oración creativa podría enunciarse así:

> *Padre-Madre Dios, como mi Guía y Consejero de Negocios, Tú me estás ofreciendo la idea perfectamente correcta para que cumpla con todos mis requerimientos. Estoy agradecido porque incluso cuando no sé cuál es la idea específica que necesito, Tu Mente Toda Sabiduría, lo sabe.*
>
> *No me voy a permitir estar preocupado o apurado con respecto a ningún plan nuevo. Ahora acepto la idea que necesito y la sabiduría para manejar todos los detalles con inteligencia y éxito. La idea correcta llega a mi conocimiento. La acepto en este momento.*
>
> *En el momento correcto se presenta a mí y la reconozco. Pero ahora mismo, en este instante, sé que ya es mía. La acepto con agradecimiento y sé que tengo la habilidad para llevarla a cabo con fe, alegría y entusiasmo, sabiendo que todo será un gran éxito.*
>
> *Hago mi parte como un valioso socio Junior en hacer de mi vida un éxito.*

Esta experiencia de aceptar una idea cuando no tienes ninguna información sobre lo que debe ser, es una de las más satisfactorias que puedas jamás tener. Asegúrate a ti mismo, una y otra vez, que tu oración ha sido cumplida. No te preocupes si pasan muchos días sin que parezca haber alguna respuesta. Debes sentirte seguro de que se está dando el desenvolvimiento correcto. Se está dando la atención adecuada a tus asuntos. Se están dando los pasos para traer a ti esa nueva idea, junto con el conocimiento y los planes necesarios para llevarla a cabo plenamente. Mantente quieto y espera. Cree. Acepta.

Los Detalles Llegarán

Entonces, algún día de pronto, tal vez cuando tu mente esté ocupada en algo completamente diferente, incluso en algún tema menor y trivial, un rayo de inspiración llegará y... *¡tú sabrás* que ésa es la idea!

En un principio pensarás que no hay manera de llevarla a cabo. Eso no importa en lo más mínimo. Cuando Dios da una idea, Ello es lo suficientemente sabio como para dar también el plan para implementarla. Agradece con alegría por la idea, acéptala, asume que sabes que es la correcta. No escuches las objeciones que llegan a tu mente de inmediato. (Pueden ser ideas buenas y razonables también, pero no pueden compararse con la Sabiduría de Dios). Cuando una idea proviene de Dios por medio de tu intuición, no seas tan tonto como para permitir que antiguos conceptos interfieran con ella. Acepta mentalmente sin ninguna ansiedad o sensación de apuro –con confianza perfecta– los detalles del plan que puede hacer que tu idea se lleve a cabo. *¡Estos llegarán!*

Tú debes, por supuesto, involucrarte en todas las actividades que apoyen tu idea... y no presiones nada. El tiempo de Dios es el tiempo correcto. Todo se te hará sencillo; tu Sociedad seguirá siendo un éxito. El Padre da las ideas, los planes, la inspiración y el coraje mientras seas receptivo a ellos. Tú, el hijo, llevas a cabo esos planes haciendo el trabajo. La idea es del Padre. Tu responsabilidad es involucrarte en tu trabajo con alegría y éxito.

Tú *puedes* tener dominio sobre los asuntos de tus negocios.

Dominio Espiritual

¿Qué es dominio espiritual? ¿No está ya incluido en estas experiencias y actividades simples del día a día? Sí y no. *Todoes Espíritu.* Necesitamos mantener eso siempre en mente. Los resultados de los que hemos hablado se refieren a que el Espíritu se manifiesta en los asuntos tangibles de la vida por medio de la Ley espiritual.

El dominio espiritual total, sin embargo, implica algo más difícil de explicar porque es una experiencia íntima, personal. Es un estado de consciencia que adquieres al aceptar completamente la naturaleza del Padre en ti, y al saber que tú también eres parte del Espíritu y, por lo tanto, uno con el Padre. Entonces puedes decir, como lo hizo Jesús, "El Padre y Yo somos uno".

Cuando sientes íntima y profundamente que nada te separa de Dios, sientes que te inunda una gran sensación de satisfacción, paz, fortaleza y libertad que no podría tener nadie que no haya *elegido* ascender hacia una consciencia espiritual mucho más elevada. Recuerda que para trascender la cúspide de tu crecimiento actual debes *elegir* hacerlo.

Poco a poco, conforme avanzas, te adentras en una experiencia de consciencia espiritual exaltada, que es tuya por derecho natural. Entonces creces llegando a un dominio espiritual aún mayor. El crecimiento espiritual es la esencia y la hermosa acción de la Vida Misma. Esto es eminentemente importante y es la recompensa final que se refleja en tus habilidades y en tus actividades de la vida diaria.

En conclusión, recuerda que al crecer en el conocimiento de Dios, en la consciencia espiritual – que es la meta de toda persona– llegas a un entendimiento de la Ley espiritual y de cómo usarla. Y por medio de la acción creativa de tu pensamiento como oración, puedes concretar y experimentar todos tus buenos deseos.

Y Dios dijo.... Que tengan dominio....

PREGUNTAS PARA EL AUTO-ANÁLISIS
Y PARA UN MAYOR ENFOQUE

1. *Supón que tienes un amigo que está enfermo y pide que lo ayudes. Escribe una meditación de treinta palabras como máximo que usarías para su sanación.*

2. *Imagina que estás desempleado o buscando ampliar tu negocio, o que deseas mejores condiciones laborales en el lugar donde trabajas, o que específicamente quieres tener una idea nueva que puedas desarrollar en un proyecto ventajoso. Escoge uno de estos deseos y escribe un texto de veinte palabras para ser usado como meditación.*

Un Punto de Vista Razonable
Para el Mundo de Hoy

*Una mirada más profunda al poder
de cambio de vida que tienes.
Algunas perspectivas clave de Ciencia de la Mente.*

Una Mirada Más Profunda

La Ciencia de la Mente no es una opinión personal y tampoco es una revelación especial. Es el resultado del mejor pensamiento de todos los tiempos. Toma mucha luz de otros, pero al hacerlo no le roba a nadie, porque la Verdad es universal.

La Biblia Cristiana, tal vez el mejor libro que se haya escrito, verdaderamente muestra el camino hacia los valores eternos. Pero hay muchas otras biblias que en conjunto tejen la historia de la Verdad espiritual, creando un patrón unificado.

Todas las razas tienen sus biblias, como todas tienen sus religiones; todas han mostrado el camino hacia valores definitivos, ¿pero podemos decir que alguna de ellas realmente ha mostrado El Camino? Es irreal pensar que solo una persona o una raza pueda comprender toda la verdad y que pueda revelar el camino de la vida a otras personas.

Tomando lo mejor de todas las fuentes, Ciencia de la Mente tiene acceso a la más elevada iluminación de todos los tiempos. La Ciencia de la Mente lee la biblia de todos los hombres e irradia las verdades ahí contenidas. Estudia el pensamiento de todos y toma de cada uno lo que es cierto. Sin criticismo, sin juicio, sino por medio de verdadera discriminación analítica, se puede descubrir aquello que es cierto y probable, y ponerlo en práctica.

La Búsqueda de la Verdad

¿Qué es la Verdad? ¿Dónde puede encontrarse? ¿Y cómo puede usarse? Éstas son las preguntas que una persona inteligente pregunta. Él o ella encuentra la respuesta en el estudio de la Ciencia de la Mente. Libre de dogmatismo y de superstición, y siempre lista para alcanzar una iluminación mayor, la Ciencia de la Mente ofrece al estudiante de la vida lo mejor de lo que el mundo ha descubierto hasta el momento.

Se ha dicho correctamente que "las religiones son muchas; pero la Religión es una". Las diferentes fes de la humanidad son innumerables, pero la fe principal de la raza es hoy, como lo era en la antigüedad, la Única Fe; una confianza instintiva en lo Invisible, a lo que hemos aprendido a llamar Dios.

La Religión es Una. La Fe es Una. La Verdad es Una. Existe Una Realidad en el corazón de todas las religiones, ya sea en el hinduismo, el islam, el cristianismo o el judaísmo. Cada una de éstas, limitada por su propia visión de la vida y el universo, desarrolló sus preceptos particulares sobre la fe, conocidos como credos y creencias, y fue en adelante gobernada por ellos.

La Experiencia Espiritual

La experiencia espiritual es siempre algo nuevo; siempre está buscando cómo expresarse de una manera nueva. La historia de la religión es una historia de separación periódica del cuerpo antiguo y de la formulación de un nuevo cuerpo de discípulos, a quienes ha llegado una nueva luz y una experiencia más satisfactoria.

A pesar de que la Ciencia de la Mente contiene todo el conocimiento y es el potencial de todas las cosas, solo nos llega la verdad en la medida en que seamos capaces de recibirla. Si se nos derramara encima toda la sabiduría del universo, aun así, solo podríamos recibir aquello que estamos en capacidad de entender. Cada uno toma de la fuente de todo el conocimiento, aquello que escucha en su interior. El científico descubre el principio de la ciencia, el artista toca la esencia de la belleza, el santo toma del Cristo y lo incorpora en su ser, porque se nos da a cada uno según nuestra capacidad para recibir.

Emerson enseñó sobre la inmanencia de Dios; sobre el impulso espiritual que subyace toda vida; sobre la divinidad del universo, incluyendo a la humanidad; y su mensaje se filtró gradualmente a la masa, saturada de los conceptos teológicos aceptados en ese momento. Forjó una revolución basada en el pensamiento religioso; recién estamos percibiendo todos sus efectos en nuestro tiempo.

Él dijo: "Tú, un poeta recién nacido del Espíritu Santo, deja atrás toda conformidad y familiariza a los hombres de primera mano con la Deidad. Obsérvala primero, y solo esa tradición, costumbre y Autoridad mantendrán tus ojos libres de vendajes y ceguera... Déjame advertirte, antes que nada, que debes ir solo y rechazar buenos modelos, incluso aquellos sagrados en la imaginación del hombre; atrévete a amar a Dios sin un mediador y sin velos". "Oh, mis hermanos, Dios existe: Hay un alma al centro de la Naturaleza y por encima de la voluntad de todo hombre, de manera que ninguno de nosotros puede tergiversar el universo... las cosas no pasan, son propiciadas desde atrás".

La Inmanencia de Dios

El principio primordial de las enseñanzas de la Ciencia de la Mente es la inmanencia de Dios. "Dios es una esencia eterna e imperecedera". Todos los fenómenos que aparecen en el mundo natural son manifestaciones del mundo espiritual, del mundo de las causas. "Nuestro pensamiento es un instrumento de la Mente Divina". "Cristo es la realidad de cada Hombre. Dios está en el Hombre". Todo el universo es la manifestación de una Unidad a la que llamamos Dios.

La Ciencia de la Mente cree sinceramente en lo que se conoce como "el silencio", es decir, acepta las enseñanzas de Jesús que dicen que "el Reino de Dios está en el interior". Las nuevas citas de Jesús que provienen de los papiros de "Oxirrinco" (Egipto), dicen lo siguiente, textualmente: "El Reino del Cielo está en tu interior y todo el que se conozca a sí mismo lo encontrará. Esfuércense entonces por conocerse a sí mismos y sabrán que son Hijos del Padre todopoderoso, y sabrán que ustedes son la Ciudad de Dios, y son la Ciudad".

Al creer que el Espíritu Universal llega a su consciencia plena en el hombre, como su Ser más profundo, nos esforzamos en cultivar la vida interior, sabiendo que la certeza religiosa es el resultado del impacto de Dios en el alma. Buscamos al testigo del Espíritu Interior. A esto le llamamos la conversión a la consciencia

Crística o de Dios, y ésta implica que se ha alcanzado la certeza del Alma.

Un Mensaje Práctico

La Ciencia de la Mente busca incluir a la vida en su totalidad, en su práctica y en sus enseñanzas. No es un culto soñador y místico, sino el exponente de un evangelio vigoroso, aplicable a las necesidades cotidianas de nuestra vida común. De hecho, éste es el principio distintivo de sus enseñanzas, al que se debe su rápido crecimiento. Hombres y mujeres encuentran en ella un mensaje que encaja con sus necesidades del día a día.

La idea convencional de la vida futura, con sus enseñanzas de premios y castigos, no es reforzada; el evangelio es la buena nueva para el aquí y el ahora. Dice que la religión, de significar algo, significa vivir correctamente, y el vivir y el pensar correctamente no es para un futuro, sino que concede sus recompensas en esta vida –en mejor salud, hogares más felices, y todo lo que conlleva una vida normal y bien balanceada.

Éste es un breve enunciado de principios que la Ciencia de la Mente considera ciertos:

El Universo es fundamentalmente bueno.

La humanidad es una manifestación del Espíritu, y para que el Espíritu nos desee el mal, tendría que estar deseándose el mal a Sí Mismo.

Esto es impensable e imposible, porque implicaría que el Espíritu es auto-destructivo; por lo tanto, podemos estar seguros que el Espíritu de Vida está a favor y no en contra de la humanidad.

Todo mal aparente es el resultado de la ignorancia, y desaparecerá en la medida en que no se piense o crea en él, o se ceda ante él. El mal no es una cosa por sí misma. No tiene una existencia separada e independiente, y no tiene una ley real que lo apoye.

Dios es Amor y el Amor no puede tener otro deseo que bendecir a todos por igual y expresarse a Sí Mismo por medio de todo.

Muchos de los que han perdido su fe han encontrado lo que sus almas buscaban con esta nueva manera de pensar. El énfasis está puesto insistentemente en Dios, siempre presente, siempre disponible; y en nuestra habilidad para hacernos receptivos al influjo del Espíritu Divino. En esencia, éste era el mensaje primario de los profetas iluminados de todos los tiempos, y éste es el mensaje de la Ciencia de la Mente.

Ciencia y Religión

El pensamiento a lo largo de todos los tiempos ha esperado que llegue el día en que la ciencia y la religión caminen de la mano, desde lo visible a lo invisible. Un movimiento que se dedica a unificar las grandes conclusiones de la experiencia humana debe mantenerse libre de ideas egoístas, ambiciones personales, y de cualquier intento por promover la opinión de una sola persona. La ciencia no sabe de opiniones, pero reconoce a un gobierno basado en leyes cuyos principios son universales. Al cumplir con estas leyes, éstas responden a todos por igual. Las religiones se vuelven dogmáticas y frecuentemente supersticiosas cuando se basan en la estirada sombra de un solo individuo. La filosofía nos intriga solo en la medida en que hace resonar una nota universal.

La ética del Buda, la moralidad de Confucio, la santidad de Jesús, y las experiencias espirituales de otras grandes mentes, constituyen puntos de vista sobre la vida que no deben dejar de considerarse. Los conceptos místicos de la antigua China encierran una fe compatible con los dichos de Emerson, y ahí dónde lo profundo clama a lo profundo, lo profundo responde a lo profundo.

Lo Que Todos Buscan

Todas las personas buscan una relación con la Mente Universal, el Alma Superior o el Espíritu Eterno, al que llamamos Dios. La mayoría de los pensadores más profundos de todos los tiempos han llegado a la conclusión de que vivimos en un universo espiritual que incluye el universo material o físico. Que este universo espiritual es uno de pura inteligencia y perfecta vida, dominado por el amor, por la razón y por el poder de crear, es una conclusión inevitable.

La ciencia, la filosofía, la intuición y la revelación, deben todas unirse en un esfuerzo impersonal para alcanzar la Verdad y mantenerla. En última instancia, aquello que es cierto será aceptado por todos. La Ciencia de la Mente busca coordinar los esfuerzos de la ciencia, la religión y la filosofía para encontrar un terreno común donde las verdaderas conclusiones filosóficas, las intuiciones espirituales, y las revelaciones místicas puedan ponerse de acuerdo con los hechos fríos de la ciencia, produciendo así conclusiones fundamentales cuya negación no sería concebible para la mente racional.

Es evidente que estas conclusiones no pueden contradecirse entre sí. Ningún sistema de pensamiento que niegue la experiencia humana puede sostenerse; ninguna religión que separe a la humanidad de la Divinidad puede mantener su vitalidad; tampoco puede, ciencia alguna, negar la aparición espontánea de la volición y la voluntad en el universo, sin perder su posición.

El Descubrimiento de la Religión

Las formas antiguas y los antiguos credos están perdiendo vigencia, pero las verdades eternas se mantienen. La religión no ha sido destruida; está siendo descubierta. Dios, el gran innovador, está en Su mundo y eso significa que el progreso se da por autoridad divina. A través de los tiempos, un propósito se manifiesta incrementalmente, y ese propósito no puede ser menos que la evolución de los más elevados atributos de la humanidad. Lo que no es esencial es lo que se desvanece, y así, lo que persiste se manifiesta con mayor claridad.

La fe religiosa de nuestros días está rompiendo con los márgenes angostos de las enseñanzas del pasado, y se está expandiendo tanto en alcance como en profundidad. No se debe a que la gente crea menos en Dios y las verdades esenciales de la vida espiritual, sino a que debe creer más; la gente se ve literalmente forzada, por la inevitable lógica de los hechos, a construir por sí mismos conceptos del Infinito, conmensurables con la grandeza y la gloria del mundo en el que vive.

Como dijo con tanta certeza Emerson, "Cuando se van los medios dioses, el gran Dios llega". La Ciencia de la Mente busca alcanzar un concepto verdadero de Dios, inmanente en el universo como la misma substancia, la ley y la vida de todo lo que es. La diferencia entre la antigua forma de pensar y la nueva, radica en que se ha llegado a vislumbrar que la Única Causa y Fuente Suprema de todo lo que existe, no es un Ser separado fuera de Su mundo, sino que es de hecho el mismo Espíritu de Vida que irradia toda la creación como su Principio de Vida, infinito en Su labor y eterno en Su esencia. El universo no es otro que el Dios Vivo manifestado, de manera que Pablo pronunció una verdadral cuando dijo: "En él vivimos, nos movemos y tenemos nuestro ser". Tal es la conclusión reverente de la Ciencia de la Mente, una fe que se está forjando un camino nuevo en este nuevo día.

Una Vision Nueva y Revolucionaria

Las implicancias religiosas de este nuevo punto de vista sobre la vida son revolucionarias. Significa que existe un orden moral y espiritual en el cosmos, al que la humanidad está íntimamente relacionada. La fe en Dios no es, como muchos nos quieren hacer creer, un retiro de la realidad, una proyección del deseo personal en un postulado cósmico. La fe en Dios es una expansión razonable de los hechos de la vida hacia su visión y fin lógico más sabio e inevitable; es el complemento lógico de un orden del mundo, en el que cada fibra cuenta con un significado teológico. La fe religiosa ciertamente tiene sus raíces en los hechos y las realidades del orden natural, y se teje en la misma textura de la vida. Dado que la sabiduría y vida supremas son en realidad todo lo que existe (y esto incluye a la humanidad), la fe religiosa no es otra cosa que la profundidad llamando a la profundidad; Dios reconociendo Su propia existencia y presencia.

La religión futura estará libre de miedo, supersticiones y dudas, y no preguntará a nadie dónde puede encontrar a Dios. El "lugar secreto del más Elevado" será revelado en el santuario interior de nuestros propios corazones, y el Dios eterno será entronizado en nuestras propias mentes. No podemos conocer a un Dios externo, a ese poder de percepción por el que somos conscientes de todo. Debemos interpretar a Dios *a través* de nuestra propia naturaleza.

El que vaya a conocer a Dios, debe ser *como* Dios, dado que Ello que habita la eternidad, también encuentra morada en Su propia creación. Parados delante del altar de la vida, en el templo de la fe, aprendemos que somos partes integrales del universo y que éste no estaría completo sin nosotros. Esa fe nativa en nuestro interior, a la que llamamos intuición, es la transmisión directa de la Sabiduría Divina a través de nosotros. ¿Quién puede dudar de sus delicados llamados o malinterpretar su mensaje?

Esta vida interior puede desarrollarse por medio de la meditación y la oración. La meditación es el pensamiento silencioso y contemplativo, con un fin definido siempre en mente. La oración es una actitud mental y espiritual receptiva, por medio de la cual una persona espera recibir inspiración.

Existe una Presencia que lo invade todo. Existe una Inteligencia que lo recorre todo. Existe un Poder que lo sostiene todo, uniendo todo en una unidad perfecta. El reconocimiento de esta Presencia, Inteligencia, Poder y Unidad, constituye la naturaleza de la mística del Cristo, el Espíritu que vive en nosotros, la imagen de Dios, el Hijo del Padre.

Cristo representa la idea universal del Hijo; toda la creación, visible e invisible. Existe Un Solo Padre para todo. Este Padre Único, que concibe en Su interior, da a luz todas las Ideas Divinas. La suma total de todas estas ideas constituye el Cristo místico.

¿Quién Fue Jesús?

Jesús fue un hombre, un ser humano, que entendió su propia naturaleza. Él supo que el humano encarna lo Divino y manifiesta la naturaleza Crística. Jesús nunca pensó en sí mismo como alguien diferente al resto; toda su enseñanza radicó en que todos eran capaces de hacer lo que él hacía. Su naturaleza divina se exaltó; se sumergió por debajo de la superficie material de la creación y encontró su causa espiritual. A esta causa le llamó Dios o Padre. A este Dios que vive en nuestro interior, él constantemente volvía para pedir ayuda, guía diaria y consejo. Para Jesús, Dios era una Realidad que vivía en el interior, la Persona Infinita en toda personalidad. Fue por el poder de su Espíritu que Jesús vivió. Él entendió claramente la unidad de Dios y la persona.

Cada hombre es un Cristo en potencia. Desde el más pequeño hasta el más grande, la misma vida corre en su interior, tejiéndose a sí misma en los patrones de nuestra individualidad. Dios está "sobre todo, en todo y a través de todo". Así como Jesús, el hombre, dio paso a la Idea Divina, el humano tomó el Espíritu del Cristo y se convirtió en la voz de Dios ante la humanidad.

Consciente de su divinidad, pero aun así humilde al contemplar la vida infinita a su alrededor, Jesús habló desde la altura de la percepción espiritual, proclamando la realidad imperecedera de la vida individual, la continuidad del alma individual, la unidad del Espíritu Universal con todas las personas.

La Ciencia de la Mente, siguiendo el ejemplo de Jesús, enseña que toda persona puede aspirar a la divinidad, dado que somos encarnaciones de Dios. También enseña una relación directa entre Dios y la humanidad. El Espíritu que vive en el interior es Dios. No podría ser nada menos, ya que tenemos Espíritu y nada más, y de este todo está hecho. Detrás de cada uno está el Infinito; al interior de cada uno está el Cristo. No hay línea divisoria que separe la mente humana de la Mente que es Dios.

La Ciencia de la Mente enseña que la personalidad humana debe ser la más elevada manifestación de Dios, y puede convertirse en ello. Existe un reservorio de vida y poder que encontramos conforme nos acercamos al centro; fluye libremente a través de nosotros hacia la circunferencia, cuando reconocemos la unidad de la totalidad y nuestra relación con ella. Dios está encarnado en todas las personas e individualizado en toda la creación sin perderse a Sí Mismo.

Eres Único

Ser un individuo significa existir como una entidad. Así como Dios, correctamente entendido, es la Persona Infinita, así el Espíritu es la Esencia Infinita de toda individualidad. Al interior de la Mente Suprema Única, siendo Ésta infinita, existe la posibilidad de proyectar ilimitadas expresiones de Sí Misma; pero dado que lo Infinito es infinito, cada expresión de Sí Misma es única y diferente a todas las otras expresiones. Así, el Infinito no se divide, sino que se multiplica.

A pesar de tener todas las personas el mismo origen, no hay dos personas iguales, excepto en su naturaleza definitiva –"Un Dios y Padre para todos", pero existen innumerables hijos, cada uno una institución única en el universo de la totalidad. Somos todos centros individualizados de la consciencia de Dios y del poder espiritual, tan completos como sabemos que lo somos, y nos conocemos solo en función de la comprensión de nuestra relación con el todo.

Esta Presencia, esta sensación interior de una Realidad más grande, es testigo de Sí Misma por medio de nuestras acciones más elevadas y de nuestras emociones más profundas. ¿Quién no ha sentido a veces esta Presencia interior? Es imposible escapar de nuestra propia naturaleza. La voz de la Verdad es insistente. La urgencia por el desenvolvimiento es constante. A la larga, cada uno de nosotros expresará totalmente su divinidad, dado que "el bien vendrá a todos por igual al final".

Nos paramos en la sombra de una Presencia grandiosa, mientras que el amor apunta para siempre hacia el cielo. Entremezclada con la voz de la humanidad, está la voz de Dios, porque la Verdad es un sinónimo de Dios, y el que pronuncia cualquier verdad, pronuncia la palabra de Dios. La ciencia revela principios eternos, las matemáticas, las leyes inmutables; y las mentes iluminadas revelan al Espíritu Eterno. Detrás de todo existe una unidad, a través de todo existe una diversidad, y saturándolo todo existe una divinidad.

No podemos ya prescindir de la religión, como no podemos prescindir de comida, un techo o ropa. Conforme a lo que creamos sobre Dios, así será nuestra estimación de la vida aquí y en adelante. Creer en un Dios de venganza es una cosa, y creer en un Dios de amor, y en una ley justa de causa y efecto es otra.

¡Nuestra Conexión es Directa!

Creer en una administración especial de la Providencia nos roba nuestra propia accesibilidad inmediata al bien y crea la necesidad de mediadores más allá de nuestras propias almas, por medio de las cuales debemos ganar nuestro pase a la Realidad. No podemos llegar más allá de la visión de nuestras propias almas. Debemos tener acceso directo a la Verdad.

Creer en una Providencia especializada es científico y razonable. Siempre estamos especializando alguna ley de la naturaleza; ésa es la forma en la que toda la ciencia avanza. A no ser que podamos especializar también la gran Ley de la Vida Misma –la Ley de la Mente y el Espíritu– no tenemos ninguna posibilidad de avanzar más en la escala del ser.

El poder único que Jesús expresó provino de su unión consciente con el Principio creativo, que es Dios. Jesús reconoció que estamos viviendo ahora en un universo espiritual, y como Buda, Platón, Sócrates, Swedenborg, Emerson y Whitman, él entendió y enseñó una ley de paralelos o correspondencias espirituales. Las parábolas de Jesús son mayormente ilustraciones del concepto que establece que las leyes de la naturaleza y las leyes del pensamiento son las mismas. Ésta ha sido una de las más elevadas percepciones de los iluminados de todos los tiempos.

Un Sistema Espiritual

El universo en que vivimos es un sistema espiritual gobernado por leyes de la mente. No existen dos mentes; existe solo Una Mente, y ésa es Dios. El desplazamiento de la Mente de Dios a través de la mente humana es la auto-realización del Espíritu buscando una válvula de escape a su propia expresión. Las ideas provienen de la Gran Mente y operan a través de la mente humana. Ambas son una. Así, la Mente Infinita es personal para cada individuo.

Nuestro poder para conocer surge de la infinita capacidad de auto-conocimiento de Dios, porque nuestra mente emana de la Mente Universal. De esta manera, lo Infinito se multiplica a Sí Mismo por medio de lo finito.

La Ciencia de la Mente enseña que Dios es personal, y personal de una forma única, para todos. Enseña que la comunión consciente con el Espíritu que vive en el interior, abre las avenidas de la intuición y provee un punto de inicio para el poder creativo del Todo Poderoso.

Nunca nadie vivió que valorara tanto la vida del individuo como Jesús. Él proclamó su divinidad por medio de su humanidad, y enseñó que todas las personas son hermanas. Toda persona proviene de lo íntimo del Padre invisible. Conforme la divinidad del Cristo se despierta a través de la humanidad de los seres humanos, la chispa divina que surge desde las llamas centrales de la Flama Universal, da su calor a otras almas con el resplandor de su propia auto-realización.

Solo podemos dar lo que tenemos. La única sombra que proyectamos es la sombra del ser. Esta sombra se alarga conforme reconocemos la gran Presencia en la que vivimos, nos movemos y tenemos nuestro ser.

La Ciencia de la Mente no solo enfatiza esta unidad entre Dios y la humanidad, sino que enseña que en la medida en que nuestro pensamiento se espiritualiza, éste manifiesta verdaderamente el Poder de Dios. Al hacerlo, éste sigue literalmente las enseñanzas de Jesús cuando proclamó que todas las cosas son posibles para la persona que cree.

¿Qué es la Oración?

Está escrito que "la oración de fe salvará a los enfermos y el Señor los hará levantarse". Es evidente que la oración de fe es una aceptación positiva del bien que deseamos. La fe es un movimiento al interior de la mente. Es una cierta forma de pensar. Es una actitud mental afirmativa. A lo largo de los tiempos, la oración de fe ha sido practicada por todas las religiones y ha obtenido resultados maravillosos. Existe una ley que gobierna esta posibilidad, de otra manera ésta no existiría. Es asunto de la Ciencia de la Mente observar estos hechos, estimar su causa, y al hacerlo, proveer un conocimiento definitivo de la ley que gobierna los hechos.

La Ciencia de la Mente enseña que el pensamiento afirmativo puede mostrar como resultado éxito y abundancia; puede ofrecer ayuda a aquellos que enfrentan sufrimiento físico, y traer paz a aquellos que se encuentran perdidos en el laberinto de la confusión, la duda y el miedo.

La Ciencia de la Mente enseña que el Reino de Dios está cerca; que existe una perfección al centro de todas las cosas, y que la verdadera salvación solo llega por medio de la iluminación, y de una unión más consciente y completa de nuestras vidas con el Invisible.

La Ciencia de la Mente no asigna importancia innecesaria a la sanación mental o a la abundancia. Su principal énfasis se encuentra en lo Invisible y no en las cosas visibles. Enseña que una ley invisible gobierna la vida de todos. Ésta es una ley de fe o creencias; es una ley de la mente y la consciencia. Esto atraerá de gran manera a la persona práctica porque cuando la Ley de nuestro ser es entendida, ésta puede ser utilizada de manera consciente, aportando a cada individuo un camino seguro hacia la libertad, la felicidad y el éxito.

La Ciencia de la Mente enseña el gozo; enseña a ser libres del miedo y la incertidumbre; enseña la fe, una fe justificada en los resultados. Todas las personas tienen instintivamente fe, y todos tenemos una intuición en nuestro interior que, de seguirla, nos guiará inevitablemente a un lugar en el que experimentaremos no solo una sensación interior de certeza, sino una condición exterior de seguridad.

El Espíritu Divino no se limita ni desea limitarnos. Toda su intención es darnos una vida más abundante. Ha llegado el momento en el que la religión debe ser práctica y en el que la fe en lo invisible sea desarrollada a consciencia, libre de dogmas, superstición y miedo.

La Ciencia de la Mente ofrece hoy al mundo lo que se ha esperado por mucho tiempo. Es la culminación de la esperanza, la aspiración y la fe de los iluminados de todos los tiempos. La Verdad que enseña es antigua; ha recorrido a través de las filosofías espirituales de todas las épocas, pero ha sido siempre discapacitada por los dogmas y las supersticiones que le impuso la teología de esos tiempos.

La Nueva Era demanda que desaparezcan el miedo y la superstición que rodea a la convicción religiosa, y que la Verdad –sencilla, simple y directa– se presente de manera que todos puedan aprender a vivir en el ahora, en el presente, con la seguridad de que "el Dios eterno es su refugio...".

PARTE

Un Resumen de los Principios Importantes de Ciencia de la Mente

*Ideas sobre la vida y Dios que son
esenciales para el entendimiento espiritual moderno.
Citas de apoyo provenientes de los textos
atemporales del mundo.*

Un Resumen de los Principios
Importantes de Ciencia de la Mente

Creemos en Dios, el Espíritu Viviente Todopoderoso; Causa indes-tructible, absoluta y auto-existente. Este Uno se manifiesta a Sí Mismo en y a través de toda la creación. El universo manifiesto es el cuerpo de Dios; es el resultado lógico y necesario del infinito auto-conocimiento de Dios. ***Creemos en la encarnación del Espíritu en cada uno, y que todas las personas son encarnaciones del Espíritu Único. ***Creemos en la eternidad, la inmortalidad, y la continuidad del alma individual, para siempre y por siempre en expansión. ***Creemos que el Reino del Cielo está dentro de nosotros y que experimentamos este Reino en la medida en que nos volvemos conscientes de él. ***Creemos que el fin último de la vida es la emancipación de toda discordia de cualquier naturaleza, y que este fin con certeza será alcanzado por todos. ***Creemos en la unidad de toda vida, y que el Dios más elevado y el Dios más íntimo es Uno. ***Creemos que Dios es personal para todos aquellos que sienten esta Presencia en su Interior. ***Creemos en la revelación directa de la Verdad por medio de la naturaleza intuitiva y espiritual del individuo, y que cualquier persona que vive en íntimo contacto con el Dios Interior puede convertirse en un revelador de la Verdad. ***Creemos que el Espíritu Universal, que es Dios, opera por medio de una Mente Universal, que es la Ley de Dios; y que estamos rodeados por esta Mente Creativa que recibe la impresión directa de nuestro pensamiento y actúa sobre él. ***Creemos en la sanación de los enfermos por medio del poder de esta Mente. ***Creemos en el con-trol de las condiciones por medio del poder de esta Mente. ***Creemos en la eterna Bondad, la eterna Amorosa-Amabilidad y la eterna Entrega de Vida a todos. ***Creemos en nuestra propia alma, nuestro propio espíritu y nuestro propio destino, porque entendemos que la vida de todos es Dios.

En las páginas siguientes se examina el Resumen de los Prin-cipios, punto por punto. Adicionalmente, las ideas presentadas se comparan a otros textos inspirados y a las escrituras de muchas de las tradiciones sagradas del mundo.

CAPÍTULO 11

Creer En Dios

Creemos en Dios, el Espíritu Viviente Todopoderoso...

Dios se define como la Deidad; el Ser Supremo; la Divina Presencia en el universo que lo permea todo; el Principio Animador en todo; como Amor y la Fuente de guía y de divina protección.

Dios ha sido nombrado de mil maneras diferentes a lo largo de los tiempos. Ha llegado el momento para alejar todo punto de discordancia y para reconocer que estamos todos adorando al único y mismo Dios.

Los Libros Sagrados de todos los pueblos declaran que Dios es Uno; una unidad de la que nada puede excluirse y a la que nada puede sumarse. Dios es omnipotente, omnipresente y omnisciente. Dios es Nuestro Padre Celestial y Nuestra Madre Espiritual; el Aliento de nuestra vida. Dios es la Realidad Inmutable en la que vivimos, nos movemos y tenemos nuestro ser.

La Biblia dice: "Yo soy el Señor, no cambio". "Para siempre, Oh Señor, tu palabra se establece en el cielo". "Dios Único y Padre de todos, que está por encima de todo, y en medio de todo, y en todos ustedes". "Sepan que Dios es el Señor; no hay nadie más que él". "Yo soy el Alfa y el Omega, el principio y el fin... el que es, era y será, el Todo Poderoso". "En él se esconden todos los tesoros de la sabiduría y el conocimiento". "Dios es Espíritu, y aquellos que lo adoran deben adorarlo en espíritu y verdad". "Todo fue hecho por él; sin él no se habría hecho nada". "...hay un solo Dios, el Padre, de quien son todas las cosas y nosotros estamos en él". "...el Señor es Dios en el cielo allá arriba y abajo en la tierra; no hay nadie más". "Porque en ti está la fuente de la vida; en tu luz veremos nosotros la luz". "Dios es luz y en él no hay oscuridad en absoluto". "Su corrección es una corrección imperecedera y su ley es la verdad".

Del Texto del Taoísmo: "El Tao, considerado inmutable, no tiene nombre". "No hay un principio ni un fin del Tao". "El gran Tao no tiene nombre, pero afecta el crecimiento y el mantenimiento de todas las cosas". "El Tao no se agota a sí mismo en lo más grande y tampoco está ausente en lo menor; y por lo tanto se le encuentra completo y esparcido en todas las cosas". "Esto es lo que el Tao produce [todas las cosas], las nutre... las cuida, las completa, las madura, las mantiene y las dispersa".

Dios Como Unidad

Las Enseñanzas Herméticas definen a Dios como un "... Poder que nada puede superar, un Poder incomparable a cualquier cosa humana...". Esta enseñanza define a Dios como una Unidad que es "... la Fuente y la Raíz de todo, que está en todo...". "Su ser lo concibe todo... Él hace eternamente todas las cosas, en el cielo, en el aire, en la tierra, en lo profundo, en el cosmos [en todo el universo]... Porque no hay nada en el mundo que no sea Él". "Dios está unido a todos sus hombres como la luz está unida al sol".

De los Libros Sagrados del Oriente: "Hay solo un Brahma que es la Verdad misma. Es a partir de la ignorancia de ese Uno que los que llevan la esencia de Dios han sido concebidos para ser diversos". "Como el sol que manifiesta todas las partes del espacio, arriba, en el medio y abajo, brilla resplandeciente, así lo sobrepasa todo el adorable y glorioso Dios..." "El Dios Único, oculto en todos los seres, impregnado en todo, alma interior de todos los seres, regidor de todas las acciones, vivo al interior de todos los seres... " "Dios es permanente, eterno, por lo tanto, la existencia misma". "Todo es el efecto de todo, Esencia Universal Única". "El Alma Suprema tiene otro nombre, y ése es el Conocimiento Puro".

El Zenda-Avesta define a Dios como "la Perfecta Santidad, el Entendimiento, el Conocimiento, el Más Benévolo, el Incomparable, el Veedor de Todo, el Sanador, el Creador".

El Corán dice que "Él es el Uno Vivo. Ningún Dios existe sino Él".

Encontramos estos pensamientos en el Budismo: "... el Ser Supremo, el Insuperable, el Perceptor de Todo, el Controlador, el Señor de Todo, el Hacedor, el Diseñador... el Padre de Todos los Seres...".

En la los Libros Apócrifos leemos que Dios es: "... el Más Elevado, que conoce... que lo nutre todo. El Creador que ha plantado su dulce Espíritu en todo... Existe un Dios Único... Alábalo... el que solo existe de era en era...".

Del Talmud: "Nuestro Dios es un Dios Vivo". "Su poder llena el universo... Él te formó; con Su Espíritu respiras".

CAPÍTULO 12

Indestructible y Absoluto

Creemos en Dios, el Espíritu Viviente Todopoderoso;
Causa indestructible, absoluta y auto-existente.

En la Ciencia de la Mente la **auto-existencia** se define como "vivir por virtud de su propio ser". Una causa absoluta y auto-existente se refiere entonces a ese Principio, ese Poder y esa Presencia que todo lo crea a partir de Sí Misma, que contiene y sostiene todo en Su interior. Dios es la Causa absoluta y auto-existente. Por lo tanto, el Espíritu Divino contiene en Su interior imaginación infinita, volición completa y poder absoluto.

Debemos pensar en Dios como **un poder**, pero como **Todo el Poder**; no como alguna presencia, sino como la **Única Presencia**; no solamente como **un dios**, sino como **El Dios**. El Espíritu es la Causa suprema y única.

Emerson dijo: "Existe en la superficie, una variedad infinita de cosas; en el centro existe la simplicidad de la causa". "Somos escoltados de la mano a lo largo de la vida por agentes espirituales, y un propósito benevolente yace esperando por nosotros". Emerson creía que todos somos gigantes durmientes: "El sueño perdura por toda nuestra vida alrededor de nuestros ojos, como la noche ronda todo el día en las ramas de la higuera". "Toda inteligencia tiene una puerta que nunca se cierra, por la que pasa el creador".

CAPÍTULO 13

Ello Llena el Universo

Este Uno se manifiesta a Sí Mismo en y a través de toda creación, pero no es absorbido por Su creación.

La Ciencia de la Mente ve la **creación** como "la que da la forma a la substancia de la Mente... Toda la acción del Espíritu debe darse en Su interior, en Sí Mismo". La creación es el juego de la Vida sobre Sí Misma; la acción de una Imaginación ilimitada sobre una Ley infinita.

Lo que Dios piensa, Ello lo energiza. El universo es el pensamiento de Dios manifiesto. Las ideas de Dios toman innumerables formas. El universo manifiesto surge de la Mente de Dios.

La **Biblia** dice que "el Señor ha fundado la tierra con sabiduría, con el entendimiento ha establecido los cielos". "En los inicios, Dios creó el cielo y la tierra". "Con su espíritu ha embellecido los cielos". "Porque él hablaba y se hacía; él ordenaba y surgía al instante". "... las palabras fueron enmarcadas por la palabra de Dios...". "Los cielos declaran la gloria de Dios, y el firmamento mostró su obra".

La **Filosofía Hermética** establece que "con la Razón, no con las manos, hizo el Hacedor del Mundo, el Mundo universal...".

De las **Escrituras Hinduistas**: "De lo no-manifiesto surge lo manifiesto". "La mente, siendo impulsada por un deseo de crear, lleva a cabo la labor de creación dándose forma a sí misma".

Todo lo que existe es una manifestación de la Mente Divina; pero la Mente Divina, siendo inagotable e ilimitada, no queda nunca atrapada en la forma; es meramente expresada por esa forma. El universo manifiesto es entonces el Cuerpo de Dios. Como dice nuestro Enunciado de Principios: "**Es el resultado lógico y necesario del infinito auto-conocimiento de Dios**".

El auto-conocimiento de Dios energiza lo que se conoce, y eso que Dios conoce toma forma. La forma en sí misma tiene integrado un Patrón Divino.

Copias de la Verdad

Encontramos en las **Enseñanzas Herméticas** este notable enunciado: "Todas las cosas que están en la tierra... no son la Verdad; son [solo] copias de la Verdad. Cuando la apariencia recibe el influjo de arriba, se convierte en una copia de la Verdad; sin ser energizada desde arriba, se mantiene falsa. Del mismo modo que el retrato muestra el cuerpo de la persona en la imagen, pero no es el cuerpo mismo, a pesar de la apariencia que pueda tener aquello que se observa. Parece tener ojos, pero no ve nada, no escucha nada".

"La imagen tiene también todas las otras cosas, pero son falsas, y confunden la visión de los observadores –ellos piensan que están viendo la verdad, cuando en realidad lo que ven es falso. Entonces, todos aquellos que no ven lo falso, ven la verdad. Si nosotros comprendemos verdaderamente o vemos cada una de estas cosas como son en realidad, entonces realmente comprendemos y vemos. Pero si [comprendemos o vemos cosas] de forma contraria a lo que realmente son, no comprenderemos ni sabremos la verdad".

Uno de los problemas atendidos por la Ciencia de la Mente es la distinción entre lo que es temporal y lo que es eterno. Dios, o el Espíritu, es la única Realidad, la única Substancia o Esencia. El universo material es real como una manifestación de la vida, pero es un efecto. Ésta es la forma en la que Jesús nos enseñó a juzgar trascendiendo las apariencias.

El **Talmud** dice: "infeliz el que confunde la rama con el árbol, la sombra con la substancia".

En **Hebreos** encontramos: "Porque Cristo no entró en los lugares sagrados hechos con las manos, que son figuras de la verdad; sino en el cielo mismo, para aparecer ahora ante la presencia de Dios por nosotros".

Y de **Colosenses**: "No permitas, por lo tanto, que ningún hombre te juzgue por la carne, la bebida o con respecto a un día festivo, o a la luna llena, o al Sabbat, que son sombras de las cosas que vendrán, pero el cuerpo es de Cristo".

Detrás de toda forma hay una Substancia Divina. Hay una causa adecuada escondida tras toda apariencia. Si juzgamos solo por la apariencia, como si ésta fuese auto-creada, estamos confundiendo la sombra con la Substancia.

En **Fragmentos de la Fe Olvidada** se dice: "Ganen para sí mismos, hijos de Adán, por medio de estas cosas transitorias... aquello que es suyo, y no lo dejen pasar".

Debemos traducir toda la creación a Causa Espiritual. Entonces estaremos viendo correctamente. La forma creada no tiene existencia por sí misma, es un efecto. En **Ramacharaka** leemos: "Aquello que es irreal no tiene la sombra de un Ser Real, a pesar de la ilusión de apariencia y falso conocimiento. Y aquello que tiene un Ser Real no ha dejado de ser —no puede dejar de ser, a pesar de todas las apariencias contrarias".

Un Patrón Divino

Existe un Patrón Divino, un prototipo espiritual, en la Mente de Dios, que da forma a todas las formas. Jesús vio el Patrón a través de la forma porque el Espíritu lo despertó. "Es el Espíritu el que despierta: la carne no sirve de nada...". "Porque [ahora] sabemos en parte y profetizamos en parte. Pero cuando eso que es perfecto llega, eso que es parte debe dejarse de lado". "Ahora vemos a través de un vidrio oscuro". Quiere decir que nuestra visión espiritual no despierta hasta llegar a una completa percepción de la Realidad Divina, al prototipo espiritual que sustenta la imagen.

Todas las escrituras nos piden estar alerta frente a los falsos juicios; nos piden no juzgar según las apariencias, sino sumergirnos por debajo o a través de la forma objetiva hasta llegar a su causa espiritual. Esto no significa que el universo físico sea una ilusión; significa que es una lógica y necesaria expresión de la

Mente Divina. Si pensáramos en el universo físico como la sombra de su Realidad espiritual, estaríamos interpretándolo de manera correcta.

La Ciencia de la Mente traduce la forma física en causa mental y espiritual. No lo hace negando la forma, sino por medio de la correcta interpretación de la misma. Lo visible es una evidencia de lo invisible. Lo invisible es la causa, lo visible es el efecto.

CAPÍTULO 14

El Espíritu
Se Encarna en Todos

Creemos en la encarnación del Espíritu en cada uno,
y que todas las personas son encarnaciones del Espíritu Único.

Todas las escrituras declaran que la humanidad es espiritualmente la imagen de Dios y semejante a Dios. Esto se revela enfáticamente en la inspiración de nuestras propias escrituras que dicen: "Dios creó al hombre a su imagen". "El espíritu de Dios me creó y el aliento del Todopoderoso me dio vida". "Sepamos que vivimos en él y él en nosotros, porque él nos ha dado de su Espíritu". "Él lo creó un poco inferior que los ángeles y lo coronó con gloria y honor. Él lo creó para tener dominio sobre la obra de sus manos; puso todas las cosas bajo sus pies". "Sé entonces perfecto, incluso perfecto como tu Padre que está en el cielo".

"Existe una diversidad de regalos, pero un mismo Espíritu". "Hay un solo cuerpo y un Espíritu... un Señor, una fe, un bautizo, un Dios y Padre de todos, que está por encima de todo, a través de todo y en todos ustedes". "Una fe, un bautizo" significa que por medio de la intuición reconocemos que estamos viviendo en un solo Espíritu, o como Emerson dijo, "Existe solo una Mente común a todos los hombres".

"¿No tenemos todos un solo Padre? ¿No nos creó un Dios único? "Para nosotros hay un solo Dios, el Padre, de quien provienen todas las cosas". "Amados, somos nosotros los hijos de Dios". "Ustedes son los hijos del Dios Vivo". "Y porque son sus hijos, Dios ha enviado el Espíritu de su hijo a sus corazones". En otras palabras, existe un solo hijo de Dios, que comprende a toda la familia de la humanidad, y el espíritu de su hijo, que es el Espíritu del Cristo, está encarnado en todos. Por lo tanto, la Biblia dice que "él [la humanidad] es la imagen y gloria de Dios".

Cada Persona: Parte de Dios

"Sepan que sus cuerpos son el templo del Espíritu Santo que está en ustedes... por lo tanto, glorifiquen a Dios en su cuerpo y en su espíritu, que son los de Dios". "Eso que nace del Espíritu es espíritu". No podemos tener un enunciado más definitivo de la divina Encarnación que éste. Toda persona es una encarnación de Dios. Dado que Dios es el Espíritu Universal, la única y sola Mente, Substancia, Poder y Presencia existente, y dado que todas las personas son individuos, de esto se desprende que cada persona es un centro individualizado de la Consciencia del Dios Único.

Cuando Jesús dijo: "Mi Padre y yo somos uno", pero "mi Padre es más grande que Yo", él estaba enunciando una proposición matemática. Toda persona es una encarnación de Dios, pero ninguna encarnación de Dios por sí sola puede abarcar toda la Naturaleza Divina. Todos pueden usar el número "7" hasta la infinidad sin agotar jamás su posibilidad. Cuanto más usemos el Poder Divino, más Poder Divino es puesto a nuestra disposición, porque "existe eso que se reparte y a la vez, se incrementa".

No solo es todo individuo una encarnación de Dios, por lo tanto, una manifestación de Cristo, sino que cada individuo es único, cada persona tiene acceso a Dios en un sentido personal. El Espíritu es ciertamente personal para cada uno de nosotros – personal de una manera individual y única. No podríamos pedir una unión más completa que ésta, porque la unión es absoluta, inmediata y dinámica.

Dominio Sobre el Mal

Conforme a la revelación de los tiempos, la humanidad tiene un derecho espiritual de nacimiento que nos da dominio sobre todo mal. Pero la persona mayor debe ser desechada; es decir, tras-mutada en una nueva persona, que es Cristo. El hombre realmente espiritual está aquí ahora si pudiéramos verlo. Ignorar este hecho produce todo el mal, toda la limitación, todo el miedo. Un sentido de separación con respecto a nuestra fuente es el que da inicio a todos nuestros problemas. Estamos atados al ámbito de la posibilidad de la libertad. Así, la **Filosofía Hermética** establece que, a pesar de haber nacido de la armonía, nos hemos hecho esclavos porque nos ha ganado el sueño. Y la Biblia dice que debemos despertar de este sueño; que debemos levantarnos de entre los muertos para que el Cristo pueda darnos vida otra vez.

El **Corán** dice: "Nosotros creamos al hombre y sabemos lo que su alma le susurró, y estamos más cerca de él que la vena de su cuello".

En el **Talmud** leemos: "Primero, ningún átomo de la materia en todo el vasto universo se pierde; ¿cómo puede entonces el alma de un hombre, que es el mundo entero en una idea, perderse?

Las siguientes citas son extraídas de varias **Escrituras Hinduistas**: "El ego [es decir, el Verdadero Ser] está más allá de toda enfermedad… libre de toda imaginación y lo permea todo". "Así como chispas similares brotan de mil maneras como de un… fuego, con ese amor son producidas las células vivas de varios tipos, desde lo Indestructible". "Si conociéramos a Dios como debe ser conocido, caminarías bajo los mares y las montañas se moverían al tú llamarlas". (Esto se asemeja a las enseñanzas de Jesús cuando dijo que si tuviéramos fe del tamaño de una semilla de mostaza, podríamos decirle a la montaña: "Muévete más lejos"). "Existe al centro de toda alma eso que conquista el hambre, la sed, la pena, el engaño, la vejez, y la muerte".

Gran Ser y Pequeño Ser

Probablemente uno de los más notables dichos sobre el ser de las **Escrituras de la India** es el siguiente: "Déjalo elevar su propio ser por medio del Ser y que no permita al ser deprimirse; porque el Ser es verdaderamente amigo del ser, y también es el Ser el enemigo del ser; El Ser es el amigo del ser en aquel en el que el ser es derrotado por el Ser; pero para el rebelde ser, el Ser se convierte verdaderamente en un enemigo". Esto por supuesto se refiere al Ser inmortal, a la encarnación de Dios en nosotros.

"El que se conoce a sí mismo ha llegado a conocer a su Señor...". Esto se refiere a la completa unidad del Espíritu, o como dijo Jesús, "El Padre y yo somos uno". "Y aquel que ha aprendido a conocerse a sí mismo, ha alcanzado a ese Dios que trasciende la abundancia..."

De los **Textos del Taoísmo** se toman los siguientes pensamientos inspiradores: "El hombre tiene existencia real, pero esto no tiene nada que ver con un lugar; tiene continuidad, pero no tiene nada que ver con un principio o un final". "Aquel cuya mente se encuentre fija, emite una luz Celestial. En aquel que emita esta luz celestial, el hombre ve al hombre [Verdadero]".

Refiriéndonos a aquel cuya mente está fija en la Realidad: "Su sueño no es turbado por pesadillas; su despertar no es seguido por ninguna pena. Su espíritu es cándido y puro; su alma no está sujeta a preocupaciones". En la revelación espiritual se considera importante una quieta contemplación de la Verdad espiritual. La mente debe ser como un espejo para poder reflejar o dar la imagen del Prototipo Divino, la encarnación de Dios en la humanidad. "Los hombres no observan el agua en movimiento como si fuera un espejo, sino el agua quieta; solo el agua quieta logra capturar a todos y mantenerlos en la contemplación de su verdadero ser".

La **Filosofía Hermética** nos dice que para conocer a Dios debemos ser como Él, porque "solo los semejantes pueden reconocerse". "Busca crecer a la misma estatura de la Grandeza que trasciende toda medida...". "No concebir nada es imposible para ti, piensa en ti mismo como inmortal y capaz de saberlo todo – todas las artes, todas las ciencias, la forma de toda vida". Debemos despertar de nuestro profundo sueño, es como si nuestro ojo espiritual estuviese adormecido de tanto observar los efectos y contemplar poco la causa.

CAPÍTULO 15

Eterno e Inmortal

Creemos en la eternidad, la inmortalidad y la continuidad del alma individual, para siempre y por siempre en expansión.

Si somos encarnaciones de Dios, entonces nuestro espíritu es Dios individualizado y, por lo tanto, debe ser eterno. Ya que es imposible agotar la naturaleza ilimitada de lo Divino, nuestra expansión debe ser un proceso eterno de desenvolvimiento desde un Centro ilimitado.

La inmortalidad no es algo que compremos. No es un regateo que hacemos con el Todo Poderoso. Es el regalo del cielo. Es inherente a nuestra naturaleza divina. Cuando los discípulos de Jesús le preguntaron cuál es la relación de Dios con los muertos, él respondió como debemos esperar responder a aquel que ya se ha sumergido bajo la superficie material de las cosas y ha descubierto su causa espiritual. Él dijo: "Él no es un Dios de los muertos, sino de los vivos: porque todos viven para él".

Dios es Vida y eso que es Vida no puede producir muerte. Lo que llamamos muerte es solo una transición de un plano o un modo de expresión a otro. "Hay muchas mansiones en la casa de mi Padre".

Jesús le dijo a uno de los que murió con él: "Hoy estarás conmigo en el paraíso". En la filosofía de este genio espiritual, este hombre saturado de Dios, la muerte no era otra cosa más que una transición.

El **Gita** nos dice: "Él no nació y tampoco muere; ni haber sido, cesa él de ser; no nacido, perpetuo, eterno y ancestral, no es asesinado cuando el cuerpo lo es".

De la **Biblia**: "Él pidió vida de ti y tú se la diste por días largos, para siempre y por siempre". "Y ésta es la promesa que él nos hizo, la vida eterna". "Una herencia incorruptible e inmaculada, que no se marchita nunca, está reservada para ti en el cielo".

CAPÍTULO 16

El Reino del Cielo

*Creemos que el Reino del Cielo está dentro de nosotros
y que experimentamos este Reino en la
medida en que nos volvemos conscientes de él.*

El Reino de los Cielos significa el reino de la armonía, la paz, el gozo y la plenitud. Es un reino interior. Es por esto que Jesús dijo que no debemos acumular tesoros en la Tierra, sino "acumulen para ustedes tesoros en el cielo".

El cielo no es un lugar sino un estado interior de consciencia. Es una percepción interior de la Armonía y la Verdad Divinas. Es "la casa no hecha con las manos, eterna en los cielos". Ezequiel dijo: "El espíritu me tomó y me llevó al patio interior; y la gloria del Señor llenó la casa". La gloria de Dios llena la consciencia de todos los que reconocen esa gloria.

Jesús asemejó el Reino de los Cielos a un niño: "Si no se convierten y se hacen como niños, no entrarán al reino de los cielos". Esto se refiere a la consciencia infantil, a una simple confianza en la bondad de Dios.

El Espíritu ha puesto intuición divina en cada uno. Esta divina intuición es el portal por medio del cual la inspiración del Todo Poderoso ingresa a la mente. Es por esto que los Salmos nos piden que "eleven sus compuertas". Es decir, que eleven su intuición y permitan que ingrese la Luz Divina.

El Reino Divino Ya Está Establecido

Cuando Jesús dijo que debemos ser perfectos, como Dios en nuestro interior es perfecto, él dio a entender que existe ya un Reino Divino establecido en nuestro interior. "Cuando el vacío sea como el interior", entonces el Reino de los Cielos se establecerá aquí y ahora. Jesús dijo que debemos asumir una actitud infantil frente a este Reino. "Aquel que se hace humilde como este niño, será grande en el reino del cielo". "Y cuando los fariseos le preguntaron cuándo llegaría el reino de Dios, él les respondió diciéndoles que el reino de Dios no llega con la observación: Ninguno dirá que está aquí o allá, porque el reino de Dios está en el interior de cada uno". Esto se refiere ciertamente a un estado de consciencia interna.

El reino al que Jesús se refiere no es exterior sino interior. No se ubica fuera del ser, no está aquí o allá, sino que es percibido como un dominio eterno en nuestro interior. El Reino de los Cielos es algo que poseemos sin ser conscientes de ello. No es un evento divino distante, "porque el reino de los cielos está cerca". No está en las montañas ni en Jerusalén, sino al interior de la mente.

Jesús asemejó el Reino de los Cielos "... al tesoro escondido en un campo, y cuando el hombre lo encuentra, lo esconde, y con gozo vende todo lo que posee para comprar ese campo". El tesoro del reino interior está ya oculto en el centro de nuestro ser, y cuando lo descubrimos sentimos gran gozo. Todo nuestro deseo es poseer ese reino interior; ahondar profundo en el pozo de nuestro ser, y traer a la superficie el óleo del Espíritu; hacer un túnel en la roca de granito de nuestra falta de creencia, y descubrir al centro de nuestro ser "la perla de gran precio".

El Valor de las Parábolas

"Y los discípulos vinieron y le preguntaron: ¿por qué les hablas con parábolas? Él respondió diciéndoles: porque se les ha dado la capacidad de entender los misterios del reino de los cielos, pero no a ellos". De primera impresión perecería como si Jesús estuviese reteniendo sus enseñanzas de la multitud común, pero no era así. Hablaba en parábolas, sabiendo que aquellos que entienden su significado entenderían sus enseñanzas, porque había ya instruido a sus discípulos en los misterios del reino. Es decir, les había enseñado directamente el significado interior de la vida.

En Corintios se dice: "Pero predicamos la sabiduría de Dios en un misterio, incluso la sabiduría oculta que Dios ordenó ante el mundo para nuestra gloria". Ésta es una referencia directa a la unidad inseparable entre Dios y el hombre. Dios ha ordenado que el hombre debe ser uno con Su propio ser para siempre, que el reino del bien estará siempre cerca. Siendo individuos, Dios ha ordenado también que nuestro bien aparezca cuando lo reconozcamos.

Emerson dijo que la "Naturaleza se aleja de lo profano, pero cuando la fruta esté madura ésta caerá". Los misterios íntimos del Reino de los Cielos se esconden de lo vulgar, no porque el Divino se contenga a Sí Mismo, sino porque el Reino solo puede revelarse a los puros de corazón, a los que son como niños en sus mentes.

Uno de los más grande filósofos griegos dijo que este reino es algo que todo hombre posee pero que pocos hombres usan. Encasillados en la materialidad, copados por la bulla de la confusión objetiva, no escuchamos la voz quieta y bajita que proclama cada vez más: "Mírame y serás salvado, todos los fines de la Tierra".

Una Semilla de Mostaza

Una vez más, Jesús asemejó el Reino a "... una semilla de mostaza, que el hombre tomó y sembró en su campo..." Él luego dice que pronto esta pequeña semilla se convierte en un árbol al que le brotan ramas. Aquí Jesús se está refiriendo al Árbol de la Vida, que representa la unidad de Dios con el hombre. Esta semilla es la consciencia del pequeño niño que se hace consciente de su relación con su Herencia Divina. De esta consciencia interior brota y florece un concepto de armonía. El Árbol de Vida se expande y sus ramas crecen; su sombra ofrece protección.

No importa cuán pequeño sea nuestro concepto del cielo para empezar, éste tiene la posibilidad de un eterno desenvolvimiento. El poder para vivir está en nuestro interior implantado por el Divino. Al final, cada persona reconocerá su propio reino interior, que será para esa persona como su Árbol de la Vida supliéndolo de alimento y protección, perfección y gozo.

Jesús otra vez dijo: "El reino de los cielos es como levadura, que una mujer tomó y ocultó en tres medidas de comida, hasta que todo aumentó de tamaño". Se refiere a la acción de la consciencia del Reino de Dios en la mente, como a la de la levadura extendiéndose a través de todo el bulto del pensamiento mortal, elevando el peso de las preocupaciones de la vida hacia la ligereza. Jesús se refiere al Reino de Dios como el Pan de Vida; la eterna Substancia de la que el alma se alimenta; la Presencia imperecedera en la que el ojo interior se regocija; la casa no hecha con las manos, en la que el Espíritu vive para siempre.

La Perla de Gran Precio

Una vez más, "el reino de los cielos es como un mercader en búsqueda de buenas perlas, que cuando encuentra una degran valor, fue y vendió todo lo que tenía, y la compró". Dado que lo mayor incluye lo menor, Jesús nos dijo que debemos buscar primero el Reino porque todo está inmerso en él. La "perla" representa la pureza y la perfección. Cuando descubrimos la pureza y la perfección en el centro de nuestro propio ser, venderemos naturalmente los residuos, el miedo y la duda que infectan nuestro pensamiento mundano, para poder poseer esta pureza interior, para que podamos ser conscientes de esta perfección interior.

Jesús no quería que sintamos que al buscar este reino interior perdamos algo valioso en nuestra vida exterior, porque dijo que todos los que busquen el reino interior "recibirán con creces en el presente y en el mundo venidero, vida eterna". Esto es congruente con las otras enseñanzas de Jesús, que dicen que la recompensa por vivir correctamente es inmediata. El Reino no es algo reservado solo para los estados futuros; es algo que se experimenta aquí y ahora por medio de las múltiples bendiciones que el Espíritu nos confiere cuando buscamos primero lo primero.

En la parábola en la que asemeja el Reino de los Cielos con jóvenes vírgenes, Jesús enseña claramente que toda persona posee el Óleo del Espíritu y que nadie tiene que pedirlo prestado a otro.

El Reino de Dios no es algo que nosotros creamos, no es algo que compramos, sino algo que debemos descubrir –es algo de lo que nos volvemos internamente conscientes. Existe una perfección al centro de nuestro ser. Browning nos dice que debemos soltar este esplendor prisionero, mientras que Platón y sus seguidores nos enseñaron que "más allá" hay un prototipo de perfección. Para ellos "más allá" tiene un significado idéntico al de las enseñanzas de Jesús, en las que manifiesta que el Reino de los Cielos está en el interior. Los filósofos griegos enseñaron que cuando la imagen, es decir, lo externo, se convierte en el prototipo, éste se hace pleno instantáneamente porque se unifica en un instante con su perfección innata.

El Reino Interior

Veamos lo que otras biblias del mundo han enseñado sobre este reino interior.

En el **Texto Taoísta** encontramos esto: "Sin salir por su puerta... sin mirar por su ventana, uno ve el Tao del Cielo. Cuánto más lejos te alejas de ti mismo, menos sabes". "Lo que es celestial es interno; lo que es humano es externo". Si sabes cómo funciona lo celestial... tendrás tus raíces en lo que es celestial...". "Saca los días y no habrán años; sin lo interno no habrá nada externo". "El que conoce... la plenitud... se vuelve sobre sí mismo y encuentra ahí una fuente inagotable".

El **Gita** dice: "El que es feliz en su interior, se regocija dentro de sí, es iluminado desde adentro, se convierte en eterno". Y en los **Fragmentos de la Fe Perdida** se dice: "... el Reino de los Cielos está dentro de ti; y el que se conozca a sí mismo, lo encontrará". "Busca lo grande y lo pequeño se te dará por añadidura". Busca lo celestial y lo terrenal te será dado".

En los **Upanishads** leemos: "Tan lejos como se expanda la mente, así de lejos se extiende el cielo". "En el cielo no hay miedo... no hay hambre ni sed, está más allá del dolor".

La **Pistis Sofía** dice: "Sé diligente, que podrás recibir los misterios de la Luz y entrar a las alturas del Reino de la Luz".

CAPÍTULO 17

El Fin de la Discordia

Creemos que el fin último de la vida es la emancipación
de toda discordia de cualquier naturaleza,
y que este fin con certeza será alcanzado por todos.

El fin supremo de la vida no quiere decir que lleguemos a un destino espiritual donde todo permanece estático e inactivo. Lo que puede parecer ser un fin supremo, conforme a nuestro entendimiento actual, cuando sea alcanzado no será sino el punto de partida para una nueva y mayor evolución. Creemos en una espiral ascendente de existencia. Esto es lo que Jesús quiso decir cuando dijo: "En casa de mi Padre hay muchas mansiones".

El **Corán** nos dice que Dios ha hecho muchos cielos, uno encima del otro, lo que significa que la evolución es eterna. La **Filosofía Hermética** enseñó una variación infinita de la manifestación de la vida en una escala siempre ascendente. Toda evolución prueba la transición de lo menor a lo mayor.

Las fuentes originales del pensamiento espiritual de los que los grandes conceptos religiosos de todos los tiempos han sido tomados, nos enseñan que la evolución es una manifestación eterna de vida en una escala ascendente. Conforme ascendemos de un nivel inferior a uno superior, las limitaciones de la etapa previa deben abandonarnos. Ya que el reino de Dios o el Reino de la Realidad se ha establecido en el espíritu, nuestra transición de un plano a otro es una cuestión de consciencia, y dado que todas las personas son encarnaciones del Espíritu Divino, todas las almas alcanzarán finalmente la completa emancipación, no por perderse a sí mismas en Dios, sino por el contrario, encontrando a Dios en ellas mismas.

Tagore nos dice que el Nirvana no es absorción sino inmersión. Browning dijo que todos somos Dioses, aunque en germen. Jesús proclamó que el Reino de los Cielos está en nuestro interior, y que lo alcanzaremos en la medida en la que nos hagamos conscientes de él y nos unifiquemos con él. Esto no significa que no haya un fin para la evolución, porque cada fin aparente no es sino el principio de una nueva experiencia.

CAPÍTULO 18

Solo Un Dios

*Creemos en la unidad de toda vida, y que el Dios más
elevado y el Dios más íntimo es Uno.*

Los iluminados de cada era han enseñado que detrás de todas
las cosas hay una Única Causa Invisible. Esta enseñanza de Unidad... "El Señor nuestro Dios es un solo Dios..." es la piedra angular
primordial de las escrituras sagradas del Oriente, así como de
nuestras propias escrituras. Es la fuente de las enseñanzas de las
filosofías espirituales modernas, como las Enseñanzas de la Unidad, el Movimiento del Nuevo Pensamiento, las Enseñanzas Ocul-
tas, las Enseñanzas Esotéricas o Interiores, nuestra propia Ciencia
de la Mente, y mucho más que se enseña bajo el nombre de psicología. La ciencia no ha encontrado ninguna contradicción a esta
unidad porque es evidente por sí misma.

Existe Una Vida de la que somos parte; Una Inteligencia, que
usamos; Una Substancia, que toma múltiples formas. "Que todos
ellos sean como uno; como Tú Padre estás en mí, y yo en Ti; que
ellos también puedan ser uno en nosotros".

En la **Biblia** encontramos estos pasajes: "Ahora hay una diversidad de regalos pero un solo Espíritu". "¿Adónde puedo ir fuera
de tu espíritu? o ¿Adónde puedo huir de tu presencia? Si asciendo
al cielo, ahí estás tú; si hago mi cama en el infierno, ahí estás tú...
Si yo digo, 'seguramente la oscuridad me cubrirá', incluso la noche
será luminosa sobre mí". "Todos, observando de frente, mirando
como si fuera en un espejo la gloria del Señor, somos convertidos
en la misma imagen... por el Espíritu del Señor". "Estaré satisfecho cuando despierte pareciéndome a ti".

"¿No sabes tú que tu cuerpo es el templo del Espíritu Santo
que está en ti?" "Eso que nace del Espíritu es espíritu". "El Señor

nuestro Dios es un solo Dios... Él es Dios en el cielo allá arriba, y sobre la Tierra, debajo. No existe nadie más". "...Su palabra está en mi corazón como un fuego que quema, encerrado en mis huesos". "Y la Palabra se hizo carne y vivió entre nosotros...". "... Pondré mis palabras en su boca... la palabra es muy cercana a ti, está en tu boca y en tu corazón para que puedas hacerlo".

El Matrimonio Místico

Todas las escrituras sagradas han proclamado la unidad de la vida; que cada persona es el centro de la Consciencia de Dios. Éste es el significado del matrimonio místico, o la unión del alma con su Fuente. Jesús proclamó audazmente que él era uno con el Padre. Ésta es la base de todas las enseñanzas del Nuevo Pensamiento: la unión espiritual con toda la vida.

La Cábala dice que... "toda existencia tiende hacia la primera unidad, la más elevada... todo el universo es uno, complejo. Lo más bajo emana de lo más Elevado y es Su imagen. El Divino está activo en ambos".

La Unidad es un símbolo de la unidad del alma con la Naturaleza Más Elevada, implicando una completa libertad de dependencia con nada inferior a sí misma. Todas las religiones positivas han enseñado que el fin supremo de la humanidad es la unión del alma con Dios.

"El Atman, que es el sustrato del ego en un hombre, es Uno". Las **Enseñanzas Herméticas** nos dicen que "esta Unidad, siendo fuente y raíz de todo, está en todo". Y el **Gita** explica que "cuando él [la humanidad] percibió la existencia diversificada de los seres como enraizadas en Uno, y expandiéndose a partir de Ella, entonces él toca lo eterno".

Una vez más la Biblia nos dice: "Así dijo el Señor... Yo soy el primero y yo soy el último..." "Yo soy Alfa y Omega, el principio y el final... el que era y el que será..." "Un Dios y Padre de todos, que está por encima de todo, y por medio de todo, y en todos ustedes".

De la **Fe del Despertar**: "En la esencia [de la Realidad] no hay algo que deba ser incluido ni nada que deba ser añadido".

En uno de los **Upanishads** encontramos esta cita: "El Dios Único está oculto detrás de todos los seres, es el alma más íntima de todos los seres, el regidor de todo acto...". "Todo es el efecto de todo, Una Esencia Universal".

En **Ecos de la Gnosis** encontramos: "Oh Origen Primario de mi iniciación; Substancia Primaria de mi substancia; Aliento de mi aliento, el aliento que está en mí".

De la **Biblia**: "Para nosotros hay un solo Dios, el Padre, de quien son todas las cosas, y nosotros en él...". Y de otra biblia: "Todo este universo tiene la vida por la Deidad. Esa Deidad es la Verdad, que es el Alma Universal".

De los **Textos Apócrifos**: "Él es el Señor de los Cielos, soberano de la Tierra, la existencia Única". Y los **Upanishads** nos dicen: "Él, que es el Oído del oído, la Mente de la mente, la Palabra de la palabra, es de verdad la Vida de la vida, el Ojo del ojo".

El Proceso del Despertar

La Ciencia de la Mente enseña una absoluta unión de la humanidad con la Fuente. Esta unión es tan completa que el más ligero acto de consciencia humana manifiesta algún grado de divinidad. No somos Dios, pero no tenemos una vida separados de lo Divino; no tenemos existencia separados de nuestra Fuente. Pensamos los pensamientos de Dios por Él. No somos divinos por decisión o voluntad, sino por fuerza. Todo el proceso de la evolución es un continuo proceso de despertar. Es un entendimiento de esta unión íntima, la del Espíritu de Cristo.

Ciencia de la Mente define al Cristo como "la Palabra de Dios manifiesta en la humanidad y por medio de la misma. En un sentido liberal, el Cristo significa la Manifestación Completa de Dios, y es por lo tanto, la Segunda Persona de la Trinidad. Cristo es la Idea Universal, y cada uno "se viste del Cristo" en la medida en que entrega un sentido limitado de la Vida a la Realización Divina de plenitud y unidad con el Bien, Espíritu, Dios".

Cristo es el ideal supremo que Jesús manifestó por medio del poder de su palabra. Cristo es la Naturaleza Divina de todos los seres y el Fin Supremo de Unión hacia el que toda la evolución individual y colectiva avanza.

La realización de esta unión da nacimiento a la consciencia de Cristo en el individuo, y ha sido llamado "la luz del mundo". Cuando Pedro le dijo a Jesús: "Tú eres el Cristo, el hijo del Dios viviente", Jesús le respondió diciéndole que ningún hombre le había revelado esto pero que era una revelación directa del Espíritu".

CAPÍTULO 19

Dios Es Personal

*Creemos que Dios es personal para todos aquellos que
sienten esta Presencia en su Interior...*

*Creemos en la revelación directa de la Verdad
por medio de la naturaleza intuitiva y espiritual
del individuo, y que cualquier persona
que vive en íntimo contacto con el Dios Interior puede
convertirse en un revelador de la Verdad.*

¿No sabes que eres el templo de Dios y que el Espíritu de Dios vive en ti? "Dios está en su templo sagrado". Agustín dijo que la mente pura es un templo sagrado para Dios, y Emerson escribió que Dios construye Su templo en el corazón. Seneca dijo que "los templos no deben construirse con piedras para Dios... Él debe ser consagrado en el pecho de cada uno".

Cada persona es una encarnación de Dios, y dado que cada persona es un individuo, cada uno es una encarnación única. Creemos en la Divina Presencia como una Persona Infinita, y que es personal para cada uno. Dios no es *una* persona, sino *la* Persona. Esta Persona es una Presencia Infinita colmada de calidez, color y capacidad de respuesta, inmediata e íntimamente personal para cada individuo.

El Espíritu es una Presencia que vive fuera de ti y dentro de ti. Estamos inmersos en Ella, y Ella fluye a través de nosotros como la vida misma. Por medio de la intuición percibimos y revelamos directamente a Dios. No tenemos que pedir prestada nuestra luz de otros. Nada puede ser más íntimo que la relación personal entre el individuo y la Divina Presencia, que es tanto el Centro como la Fuente del ser de una persona.

No solo *algunas* personas sino *todas* las personas son divinas. Pero no todas las personas han descubierto aún su divinidad. Nuestra evolución espiritual es un despertar gradual hacia el descubrimiento del Espíritu como centro, fuente y entorno de todo ser. Está en todo, alrededor de todo y a través de todo, y lo Es todo.

El cuerpo principal de la religión Cristiana se construye sobre tres grandes conceptos: primero, que *Dios es una Presencia Viva Exterior;* segundo, que *Dios es una Presencia Viva Interior;* y tercero, que *la unión consciente de la Presencia Exterior y la Interior, por medio de la mente humana, genera el nacimiento del niño divino, el Cristo, el Hijo de Dios.* Fue esta revelación la que permitió a Jesús llevar a cabo su maravillosa obra. Él se hizo tan consciente de su unión con Dios que las palabras que pronunciaba eran la Palabra de Dios, habladas a través de él.

La única manera en la que puede manifestarse el Poder de Dios a través de nosotros, es reconociendo que el Padre vive en todo aquel que lleva a cabo su obra. Todos deben practicar esta relación cercana e íntima entre el individuo y el Universo. Todos deben practicar la Presencia de Dios. Esta Presencia es una realidad, la única, gran y suprema realidad de la vida. Existe "una luz que ilumina a cada hombre". Se habla de la humanidad en la Biblia como "la vela del Señor", y Jesús dijo: "Permite que tu luz brille ante los hombres, para que puedan ver tus buenas obras, para que glorifiquen al Padre que está en el cielo".

Por medio de la intuición espiritual, Jesús percibió su unión con Dios. Cuánto sufrimiento, cuánta angustia, cuánta persistencia, cuánto esfuerzo y disciplina tiene que haber experimentado este hombre para llegar hasta este estado exaltado. No lo sabemos, pero podemos estar seguros y agradecidos de que pasó por toda la gama del sufrimiento humano y emergió triunfante, supremo. Cristo es la divina y universal Emanación del Espíritu Infinito, encarnado en todo, individualizado en la humanidad y universalizado en Dios.

Universal... Individual

Lo que Dios es en lo universal, lo es la humanidad en lo individual. Es por esto que todos los líderes espirituales nos han dicho que descubriéramos el potencial oculto en nosotros mismos; no solo descubriríamos a nuestro verdadero ser, el Cristo, sino que también descubriríamos al verdadero Dios, la Única y Sola Causa, el Ser Supremo, la Persona Infinita.

Jesús enseñó una unión completa de la humanidad con Dios. Él proclamó que todas las personas son divinas; que todos son uno con el Padre; que el Reino de los Cielos está en el interior; que el Padre ha dado todo el poder al hijo; y que el hijo piensa los pensamientos del Padre por Él, que bebe del poder espiritual a través del reconocimiento de unión con su Fuente.

CAPÍTULO 20

LA MENTE UNIVERSAL

Creemos que el Espíritu Universal, que es Dios, opera por medio de una Mente Universal, que es la Ley de Dios; y que estamos rodeados por esta Mente Creativa que recibe la impresión directa de nuestro pensamiento y actúa sobre de él.

Esta cita explora el uso práctico del poder espiritual. En la Ciencia de la Mente diferenciamos entre Espíritu, Mente y Cuerpo, como lo han hecho todas las grandes religiones principales. El Espíritu es el aspecto consciente y activo de Dios, a diferencia de su aspecto pasivo, receptivo, que toma forma. El Espíritu imparte movimiento y se manifiesta a Sí Mismo por medio de la forma. Así se decía en la antigüedad, que el Espíritu usaba la materia como una envoltura.

Filón, llamado frecuentemente Filón el Judío, nacido en el año 10 A.C., uno de los más grandes filósofos judíos de la Escuela Alejandrina, dijo que el Principio Activo, que es el Espíritu, es absolutamente libre, y que el principio pasivo es puesto en movimiento por el Espíritu, dando nacimiento a la forma. Plotino, considerado el más grande de los Neo-Platonistas, enseñó que el Espíritu opera, como Inteligencia Activa, sobre una substancia sin forma que es pasiva ante Ella; y que por medio del poder de la Palabra del Espíritu, esta substancia toma forma y se convierte en el mundo físico.

Todas las enseñanzas espirituales de la antigüedad enseñaron una trinidad o una unidad de tres partes. Para que algo exista, debe haber un principio activo de auto-afirmación actuando como ley sobre el principio pasivo, que Plotino llamó substancia indeterminada, y que tiene a su cargo recibir las formas que la contemplación (la palabra o el pensamiento) del Espíritu le confiere. Siguiendo el ejemplo de las escrituras Cristianas, en Ciencia de la

Mente hemos llamado a esta trinidad, "El Padre, El Hijo y El Espíritu Santo". El Padre: el Principio creador supremo; el Hijo (el Cristo): la manifestación universal del Padre; y la suprema Ley de Causa y Efecto: el sirviente del Espíritu a lo largo de los años.

La Luz del Mundo

El Padre significa el Ser Absoluto, la Causa Primera Sin Condicionamientos, la Fuente de todo lo que es. Jesús llamó a esta Fuerza de Vida, "El Padre". Él se refería a sí mismo y a todo el resto, como "El Hijo". "Él es la imagen del Dios invisible...". Los antiguos hinduistas se referían al Hijo como Atan, el ser más espiritual. Atman es la manifestación de Brahma como individualidad. Cada persona es un centro individualizado de la Consciencia de Dios. Las escrituras Cristianas se refieren al mismo ser cuando habla del Cristo en nosotros, porque el Principio Crístico tiene un significado idéntico al de Atma-Buddhi, lo que significa iluminación divina, "la Luz del mundo".

La **Biblia** dice que "el primer hombre (Adán) es de la Tierra..., y el segundo hombre es el Señor del Cielo". Esto se refiere primero a la forma física, formada según el modo de toda la creación; y luego, al Principio Crístico que anima a este ser. El nacimiento del Cristo, a través de Jesús, fue el despertar de esta consciencia a un reconocimiento de esta unión con Dios –"Mi Padre y Yo somos uno".

Jesús enseñó claramente que todas las personas deben llegar a este reconocimiento si quieren entrar al reino de la armonía, a la unión consciente con Dios, y así alcanzar la plenitud.

Del **Camino Perfecto**: "El primer Adán es de la Tierra, de tierra, y sujeto a la muerte. El segundo es 'del cielo' y triunfa sobre la muerte, porque 'el pecado no tiene ya ningún dominio sobre él'. Él, por lo tanto, es el producto de un alma purificada de la impureza por la materia, y liberado de sujeción al cuerpo. Un alma así es llamada virgen. Y tiene por esposo, no a la materia –porque ha renunciado a ella– sino al Espíritu Divino, que es Dios. Y el hombre nacido de esta unión, es imagen de Dios y es Dios hecho hombre; es decir, él es Cristo, y por lo tanto, es el Cristo nacido en cada hombre que lo redime y le otorga vida eterna". Y de la misma fuente: "Porque, no puede ser aclarado con demasiada claridad ni enunciado con suficiente fuerza, entre el hombre que se convierte en un Cristo, y otros hombres, no existe diferencia alguna. La diferencia no radica en la condición ni en el grado, y consiste en la diferencia del desenvolvimiento de la naturaleza espiritual que todos poseen en virtud de su procedencia común. 'Todas las cosas', como se ha dicho repetidamente, 'están hechas de la Substancia divina'. Y la humanidad representa una corriente que, partiendo del modo más alejado y bajo la diferenciación de esa Substancia, fluye ascendiendo hasta lo más elevado, que es Dios. Y el punto en el que toca lo celestial, y se vierte a sí mismo en la Deidad, es 'Cristo'. Cualquier otra doctrina que hace al Cristo de una naturaleza diferente y no humana es anti-Cristiana y sub-humana. Y el efecto directo de una doctrina así, es cortar al hombre por completo su acceso a Dios, y a Dios su acceso al hombre".

Sin Atajos

Y de Basil Wilberforce, **Problemas**: "No hay atajos en la evolución de la vida de Dios en un hombre, sino un desenvolvimiento gradual de un principio de vitalidad interior. Y el lema que proviene de este pensamiento es: 'Descansa en el Señor y espera pacientemente por Él', mientras que la naturaleza Crística infantil en tu interior 'crece en sabiduría y estatura, en favor de Dios y del hombre'".

"La segunda venida de Cristo es un símbolo de la compleción del proceso de purificación y desarrollo de las almas de la humanidad, cuando lo más bajo de la consciencia se eleva para unirse con lo más elevado". De las **Religiones Místicas**, y citando a Lucas: "Y entonces ellos verán al Hijo del hombre llegar en una nube con poder y gran gloria. Pero cuando estas cosas empiecen de desaparecer, eleven la mirada y levanten la cabeza, porque su redención estará cerca".

R.M. Jones agrega: "Esto se refiere a la consumación de lo físico al final del ciclo. Luego, conforme se acerca la perfección del estado del alma, el Cristo que habita en el interior aparece glorificado en las almas de los santos, o se eleva sobre la condición desde donde su descenso fue hecho al inicio. La 'nube' representa un velo temporal que oscurece el esplendor del más Elevado. El 'levantar las cabezas' se refiere a la aspiración de las mentes, tan necesaria para que se dé la liberación de la naturaleza más baja". Y otra cita de Lucas: "De verdad les digo, esta generación no morirá sin que todas las cosas se hayan cumplido". Él explica: "Cristo resalta aquí que cada grado de evolución de los atributos que existen hoy, no se extinguirá hasta que todo el proceso de crecimiento del alma de los planos inferiores se haya llevado a cabo".

Regresando a nuestro análisis de la Trinidad —el Padre es lo Absoluto, el No Condicionado, la Primera Causa; la Persona Infinita; el Divino en el que vivimos, nos movemos y tenemos nuestro ser. Toda la manifestación de lo infinito en todos y cualquiera de los planos, niveles, estados de consciencia o manifestaciones, constituye el Hijo.

El Aliento de Dios

Por lo que conocemos hasta el momento, a partir de las enseñanzas entregadas a nosotros desde la antigüedad, el Espíritu Santo representa el aspecto femenino de la Divina Trinidad. Representa la divina actividad del plano mental más elevado; el Aliento de Dios, o la Ley del Ser. Es difícil para nosotros transponer el significado de símbolos ancestrales a lenguaje moderno, pero parece ser el consenso entre los eruditos que han estudiado este tema, que el Espíritu Santo significa la relación entre el Padre y el Hijo, o la fertilidad divina y creativa del alma universal cuando impregnada por las Ideas Divinas. Si va a llevarse a cabo la creación, debe haber una Imaginación Divina, la cual es espontánea, y un medio creativo por medio del cual actúa. Este medio creativo es la Ley de la Mente.

Cuando algún individuo reconoce su unión con el Infinito, ese individuo se convierte automáticamente en el Cristo. Esa persona nace del plano más bajo y asciende al más elevado, y despierta a una consciencia mayor por su unión con el Padre –"Yo estaré satisfecho cuando despierte a vuestra semejanza".

Ciencia de la Mente deja claro que existe una Ley de la Mente universal que recibe la impresión de nuestro pensamiento y actúa sobre él. Esta Ley no es Dios, sino el sirviente de Dios.

Nuestros ancestros llamaban a esta Ley, la "Femenina". Reconociendo que debe haber un principio activo energizante que es Dios, el Masculino, ellos también reconocieron que debe haber un principio creativo en la naturaleza, del que se expresaban como lo Femenino, que estaba a cargo de recibir el pensamiento de Dios y llevarlo a creación.

La Ley Creativa

Esta Ley Creativa es, por supuesto, la Ley de la Mente. Es a lo que nos referimos cuando decimos que existe una Mente Universal por medio de la cual opera el Espíritu Universal. En otras palabras, cuando pensamos en Dios como Espíritu puro, que se conoce a sí mismo, como "nuestro Padre que está en el cielo", como el Absoluto, el No Condicionado, la Persona Infinita y el ser Ilimitado, estamos pensando en la Inteligencia Divina. Pero cuando pensamos en el universo como Ley, estamos pensando en el Principio de la Mente que recibe la impresión de nuestro pensamiento y que actúa según él, siempre creativamente, siempre matemáticamente y sin ningún respeto por las personas.

Todas las grandes lecciones espirituales han proclamado tal Principio creativo. Ha sido llamado con miles de nombres, pero un análisis cuidadoso mostrará que cada escritura ha diferenciado entre Dios el Espíritu y Dios la Ley.

Nuestros ancestros dijeron que el Espíritu es el Poder que se conoce a sí mismo. También enseñaron la ley kármica, que es el medio para todo pensamiento y acción. Karma significa el fruto de la acción.

Cuando Jesús dijo: "Las palabras que yo les digo son espíritu y son vida", hablaba desde la consciencia del Cristo que domina el plano mental. Su mente era un transmisor tan perfecto que reflejaba, imaginaba, emanaba, o automáticamente se convertía en un instrumento por medio del cual trabajaba el Divino.

Sabiendo que su palabra estaba en total concordancia con la Divina Armonía, él no encontró ninguna diferencia entre ésta y la Palabra de Dios. Era su confianza implícita en su inspiración Divina, a la que llegó a lo largo de toda una vida de contemplación y de unión consciente con el Infinito, lo que le dio la confianza para decir: "... hasta que todas estas cosas se hayan cumplido. El Cielo y la Tierra pasarán, pero mis palabras no pasarán". Jesús se estaba apoyando en la Ley de la Mente para ejecutar su palabra.

Espíritu y Mente

En la Ciencia de la Mente somos muy cuidadosos de distinguir entre el Espíritu Universal y la Mente Universal. Sabemos que en la medida en la que reconozcamos interiormente la Verdad, esta Verdad que nosotros reconocemos y que opera por medio de una Ley de la Mente Universal, encontrará una manifestación exterior o física en el mundo de la forma. Esto es a lo que nos referimos cuando decimos que el Espíritu opera por medio de la Ley de la Mente; que estamos rodeados por su Mente, que recibe la impresión de nuestro pensamiento, y actúa según él.

Veamos lo que han dicho las diferentes escrituras sobre este asunto, empezando por la **Biblia**. "En el principio estaba la Palabra, y la Palabra estaba con Dios, y la Palabra era Dios". "Por siempre, Oh señor, tu palabra estará sentada en el cielo". "Y Tú, Señor... has puesto los cimientos de la Tierra; y los cielos son la obra de tus manos". "Nuestro Dios es un Dios vivo. Su poder colma el universo... con su espíritu tú respiras".

Con respecto a la Ley de la Mente, la Biblia dice: "por cada palabra ociosa que el hombre hable, éste rendirá cuentas... porque será justificado por sus palabras y será condenado por ellas". "Y ellos estaban sorprendidos ante su doctrina porque su palabra tenía poder". "Sean hacedores de la palabra y no solo la escuchen...". "Porque hay tres que observan desde el cielo, el Padre, la Palabra y el Espíritu Santo: y los tres son uno".

Nuestra Biblia se basa en la premisa de que Dios es puro Espíritu; que Él crea a través del poder de Su palabra, y que el universo es una manifestación de Su imaginación (Su capacidad de crear imágenes al interior de Sí Mismo sabiendo Él mismo que es lo que es). Dios es Espíritu. El Espíritu habla, la Ley se invoca y una manifestación necesariamente toma forma. Éste es el primer principio.

La Imagen Espiritual

El siguiente principio es que somos hechos a imagen y semejanza de Dios, y somos de la misma naturaleza que Dios; estamos hechos de la esencia de Dios y somos centros individualizados en la Consciencia de Dios.

La Biblia, entonces, habiendo establecido nuestro linaje divino y habiendo resaltado en detalle lo que nos sucede cuando usamos mal la Ley de la Libertad, llamada comúnmente "la caída de la humanidad", le dedica su final a la redención del hombre. Los antiguos profetas percibieron esto intuitivamente; el Nuevo Testamento lo demuestra, porque en la persona de Jesús hizo surgir a un hombre que se hizo tan consciente de su unión con el bien que todo el mal desapareció de su imaginación.

Por medio de pruebas, tentaciones, sufrimientos, éxitos y fracasos, esta alma glorificada, de alguna manera, luchó la batalla de la vida por todos nosotros, y así se convirtió automáticamente en el salvador de la humanidad. Pero cuando malinterpretaron al hombre Jesús con el Principio Crístico, la sabiduría de Jesús lo hizo retirarse para que el Espíritu despierte en ellos un reconocimiento correspondiente de su propia unión con el Divino.

Toda la enseñanza de la Biblia puede reducirse a este simple enunciado, presentado a cada uno de nosotros individualmente como si una Mano Divina nos lo hubiese entregado para ser guardado individualmente: *Eres uno con el Espíritu creativo del universo.* Existe un Espíritu divino universal que te inspirará, guiará, dirigirá y acompañará, pero también hay una Ley de Causa y Efecto que vela por ello, que rinde cuenta por cada acto, cada pensamiento, cada motivación. Finalmente, aprenderás a distinguir entre el bien y el mal por medio del sufrimiento; vivirás en unión consciente y en comunión consciente con el Espíritu Divino.

Desde ese momento, tus palabras, pensamientos y actos serán constructivos y alcanzarás tu completa salvación. Dios ha hecho todo lo que puede por ti porque te ha dado toda Su naturaleza para que la retengas. Pero dado que esta naturaleza es la verdad, el bien, la belleza, la sabiduría, el amor y el poder, no podrás nunca entrar en el reino de la armonía hasta que te unifiques conscientemente con la armonía.

Un Equilibrio Perfecto

Éste es el equilibrio entre la verdad y la justicia, entre el amor y la razón, entre la verdad divina y el mal uso de la Ley, que no es la libertad sino la licencia. Es por esto que Moisés dijo: "Pongo delante de ustedes este día una bendición y una maldición; una bendición si obedecen los mandamientos... y una maldición si no los obedecen".

Todo el problema del mal, como lo han establecido las diferentes escrituras del mundo, no radica en enfrentarse a una entidad del mal, sino en el mal uso del poder dinámico, que de ser usado correctamente, garantiza la libertad por sí mismo.

El **Corán** dice que "cualquier bien cercano a ti proviene de Dios, y cualquier mal cercano a ti proviene de ti mismo". Y nuestra **Biblia** dice sobre el Espíritu: "Sus ojos son tan puros que no perciben el mal ni ven la inequidad".

De las **Enseñanzas de Buda** aprendemos: "Porque la causa del karma (causa y efecto) que lleva a los estados infelices de consciencia, es la ignorancia". "Por lo tanto, es claro que la ignorancia solo puede ser erradicada con sabiduría". El **Zenda-Avesta** dice: "La palabra falsa golpea pero la palabra cierta la golpeará a ella". Y del **Libro de los Muertos**: "Sucederá que el malo caerá cuando ponga una trampa para destruirte...".

Del **Texto del Taoísmo** aprendemos: "Lo que sea contrario al Tao pronto acaba". "El que dañe a otros seguramente será dañado por ellos a cambio".

CAPÍTULO 21

Sanando A Los Enfermos

Creemos en la sanación de los enfermos por medio
del poder de esta Mente.

La sanación espiritual de la mente ha pasado hace tiempo la fase experimental y ahora sabemos por qué la fe hizo que sucedieran milagros. Vivimos en un universo de Espíritu puro, sin adulterar, de un perfecto Ser. Como dijo Emerson dijo, estamos en las faldas de una Inteligencia infinita. Existe un prototipo espiritual de perfección al centro de todo. Existe un patrón cósmico o Divino al centro de cada órgano del cuerpo físico. Nuestro cuerpo es una parte del Cuerpo de Dios; es una manifestación del Espíritu Supremo.

En la práctica de la sanación espiritual mental empezamos con esta simple propuesta: Dios es perfecto. Dios es todo lo que hay. Dios incluye a toda la humanidad –La persona espiritual es un ser individual, tan completo y perfecto en su esencia como lo es Dios. Cuando regresamos a la Fuente de nuestro ser en el pensamiento, la contemplación, la imaginación, o una sensación interior, el patrón divino que existe en nosotros despierta en una nueva manifestación. Cuando limpiamos la consciencia –es decir, toda la vida mental, tanto consciente como subjetiva– de la discordia, somos sanados automáticamente.

Una Técnica Definida

La Ciencia de la Mente nos ofrece una técnica definida para hacerlo. Nos enseña exactamente cómo proceder sobre una base simple y fácil de comprender. Es una ciencia porque se fundamenta en las leyes exactas de la Mente, porque las leyes de la

Mente son tan exactas como cualquier otra ley de la naturaleza. Son leyes naturales. Desde un punto de vista práctico, esto se hace al hacer ciertos enunciados definidos con el reconocimiento de que tienen el poder de retirar cualquier obstáculo, disolver toda condición falsa, y revelar nuestra naturaleza espiritual.

La verdadera sanación mental no puede divorciarse de la realización espiritual; por lo tanto, el practicante de esta ciencia debe tener un entendimiento profundo y una permanente sensación de calma, de paz, de su propia unión con el Espíritu. Debemos tener una convicción inquebrantable en que la persona espiritual es perfecta, que es uno con Dios, y debemos saber que en la medida en la que reconozcamos, sintamos o percibamos esta perfección interior, ésta aparecerá. La sanación física misma es un resultado, un efecto, de esta consciencia interior.

La ley de esta ciencia es tan simple, directa y utilizable, que cualquiera puede demostrarla si hace el esfuerzo. Lee con cuidado toda la sección sobre la sanación de la mente en nuestro libro *La Ciencia de la Mente*, y descubrirás que no es ningún misterio. La razón por la que las personas han sido sanadas por medio de la oración de fe a través de los tiempos, es que la fe cumple con la Ley de la Mente en producir un resultado afirmativo.

La Necesidad de la Fe

La fe es también una actitud mental definida. Cuando Jesús dijo: "Recibirás según tu fe", él dejó implícito que una Ley, una Fuerza o una Energía inteligente en el universo, actúa sobre las imágenes de nuestras creencias. La fe es una forma afirmativa de usar esta Ley, esta Energía, esta Fuerza. Por lo tanto, todas las escrituras anuncian la necesidad de tener fe.

"Transfórmate con la renovación de tu mente". "Sé renovado en el espíritu de tu mente". "Permite que esta mente que estaba en Cristo esté en ti también". "Yo pondré mis leyes en tu mente". "Escucha, oh Tierra, observa cómo traeré el mal a esta gente, en el fruto de sus pensamientos". "Y él envió su palabra y los sanó". "Él olvidó todas sus injusticias; él sanó todas sus enfermedades".

"Oh Señor, mi Dios, clamo ante ti y tú me sanas". "Entonces su luz irrumpirá como la mañana y tu salud mejorará prontamente". "Y será que antes que ellos llamen, yo les responderé; y mientras ellos estén aun hablando, yo los escucharé". "Yo desterraré la enfermedad en medio de ustedes". "La lengua de los sabios es salud". "Observen, traeré salud... los sanaré...".

"Jesús volteó y cuando la vio, dijo: Hija, siéntete tranquila; tu fe te ha hecho plena. Y la mujer sanó desde ese momento". "Entonces él tocó sus ojos, diciendo: "Que se haga en ustedes según su fe. Y sus ojos se abrieron". "Sanen a los enfermos, limpien a los leprosos, resuciten a los muertos, echen fuera a los demonios: han recibido libremente, den libremente". "Y grandes multitudes lo siguieron y él los sanó a todos". "Y el ciego y el lisiado vinieron a él en el templo, y él los sano".

En la sanación espiritual mental, el pensamiento se convierte en un transmisor del Poder Divino; por lo tanto, el pensamiento debe siempre ser mantenido libre de toda confusión.

La Sanacion en Otras Tradiciones

Es interesante resaltar que mientras todas las grandes escrituras de todos los tiempos tratan sobre la naturaleza de Dios y la humanidad, y la relación entre lo espiritual y lo físico, poco se menciona sobre la sanación o el control de las condiciones por medio del uso del Poder Divino, fuera de las escrituras Cristianas, a pesar de que todas concuerdan en que la sanación y la prosperidad fluyen cuando la mente refleja la Divina Perfección.

En el **Texto del Taoísmo** encontramos: "La mente quieta... es el espejo del cielo y de la Tierra...". "Mantengan una unidad perfecta en cada movimiento de su voluntad. No esperarán a que sus oídos escuchen, sino a que su mente escuche. No esperarán siquiera a que su mente escuche, sino que esperarán a escuchar al Espíritu". "La pureza y la quietud dan la ley correcta a todo aquello que está bajo el cielo".

Y del **Corán**: "El Señor de los mundos, Él me ha creado y me ha guiado; él me dio comida y bebida, y cuando estuve enfermo, Él me sanó". "Y nunca, Señor, he orado ante ti sin que me escuches".

Jesús, el último de su linaje particular de profetas, fue el primero en introducir la sanación espiritual mental, y definitivamente el primero en enseñar a sus seguidores cómo practicarla. La gente ha sido sanada en todos los credos, pero las grandes catedrales de sanación de la creencia Cristiana, definitivamente han enfatizado esto más que otras, a pesar de encontrar muchas instancias de sanación en todas las creencias.

El Movimiento del Nuevo Pensamiento

Vemos un énfasis mucho mayor en la sanación espiritual desde el advenimiento de lo que se ha llamado el "Nuevo Pensamiento", que empezó en Estados Unidos y se ha expandido a lo largo del mundo.

Éste ha sido un intento sincero, serio y efectivo por recuperar algunos de los principios originales que Jesús enseñó. Él mandó a predicar a sus discípulos, y les dijo que sanen a los enfermos como una prueba, no solo de su Poder Divino, sino de su Divina Autoridad, y les dijo: "Sepan que estoy con ustedes siempre". Ya que es evidente que Jesús, como ser humano, no podía estar siempre con ellos, el sentido común nos lleva a aceptar que cuando dijo, "Estoy con ustedes siempre", él se refería al Poder Divino, al Principio Crístico que él usaba.

Hablar de la *ciencia* de Jesús no es una equivocación, porque él ciertamente sabía lo que hacía, y repitió varias veces que su palabra actuaba como ley espiritual. Puede decirse de Jesús que era un idealista práctico. Él no creía que el Reino de Dios es una entidad lejana; para él era una realidad siempre presente; estaba siempre cerca, solo esperando ser percibida por la intuición espiritual interior, que es la voz de Dios operando por medio de la humanidad.

"La fe sin palabras está muerta". Por lo tanto, la fe debe justificarse por medio de la manifestación, y si tenemos fe, podemos probarlo científicamente. Después de todo, la ciencia es el

conocimiento de los principios y las leyes universales, conscientemente aplicados con distintos propósitos.

Por Qué es Una Ciencia

Existe una ciencia de la mente y el Espíritu porque existe un
principio de la Mente y el Espíritu. Existe una posibilidad de utilizar esta ciencia porque ahora entendemos cómo funcionan las
leyes de la mente y el Espíritu en los asuntos humanos. El Principio de la mente funciona a través de nuestro pensamiento, por
medio de nuestra fe y convicción, y de manera más efectiva, por
medio de una actitud de amor, de compasión y de solidaridad,
utilizada constructivamente. Es imposible dar el uso más elevado
a las leyes de la mente sin fundamentar el uso de esas leyes en la
percepción espiritual interior, en un reconocimiento consciente
de nuestra unión con Dios.

Cuando lo físico y lo metafísico se entiendan mejor recípro-
camente, cooperará más lo uno con lo otro. Es evidente que cada
uno busca aliviar el sufrimiento humano. Ninguna persona
inteligente negará la necesidad de doctores, cirujanos y hospitales.
De otro lado, hay un acuerdo general con respecto a que la gran
mayoría de nuestros problemas físicos son mentales en su origen,
y que todos tienen alguna relación con los procesos mentales. Es
sumamente importante, entonces, que el trabajo del metafísico
sincero sea tanto entendido como apreciado.

No es para nada probable que el psicólogo tome el lugar del
metafísico, ya que solo la sanación del cuerpo, sin un ajuste del
estado mental y espiritual, es insuficiente, por lo que el ajuste
del estado mental y espiritual sin incorporar valores espirituales,
no será efectivo. Por lo tanto, hay un lugar importante para el
metafísico y debe buscarse su asistencia. Doctores, metafísicos
y psicólogos deben cooperar. No debe haber un sentimiento de
desconfianza o criticismo entre ellos. Los metafísicos deben apreciar tanto al psicólogo como al doctor.

El Valor de la Medicina

En los primeros años de la terapia espiritual, se creía que no se podía tratar a una persona mentalmente con éxito si estaban siendo atendidos por un doctor o si estaban usando métodos materiales para aliviarse. Ahora sabemos que esta idea se basaba en la superstición. Ya no las consideramos serias. Los metafísicos sienten que es un privilegio ser llamados a consulta con un psicólogo o con un médico. Ellos han aprendido a apreciar el campo de la medicina y la cirugía.

Con seguridad llegará el día en que el campo de la medicina reconocerá, apreciará y cooperará con el campo metafísico. Incluso hoy esta práctica es mucho más común que lo que la persona promedio supone. (Cuando el metafísico deje de hacer enunciados tontos negando que los pacientes están enfermos, él o ella encontrarán una mayor disposición a ser reconocidos por el mundo médico).

Hoy en día, la mayoría de los doctores reconocen el poder del pensamiento en relación al cuerpo. Todos reconocen la energía dinámica de las emociones. Así como la psicología y la psiquiatría están siendo incorporadas al mundo médico, del mismo modo la metafísica está siendo gradualmente entendida, aceptada y apreciada. Muchos psicólogos están afirmando ya la necesidad de incorporar valores espirituales a su práctica. ¿Quién va a cubrir esta necesidad si no es el metafísico?

El progreso es inevitable y la cooperación entre todos los trabajadores bien intencionados de las artes sanadoras es segura. Hagamos todo lo que podamos para desaparecer la superstición, la intolerancia y el fanatismo, que después de todo, resultan solo en estupidez. Debemos unirnos en una causa común, no solo para aliviar el sufrimiento físico en lo posible, sino para desterrar sus causas. Si gran parte de estas causas se esconde en el ámbito de la mente, entonces seguramente aquellos que están equipados para trabajar en este ámbito están contribuyendo a cubrir una necesidad humana.

CAPÍTULO 22

Controlando Las Condiciones

Creemos en el control de las condiciones
por medio del poder de esta Mente.

Mientras que todas las escrituras sagradas afirman que al estar en armonía con el Infinito, prosperamos automáticamente, las escrituras Cristianas dan más peso a la prosperidad por medio de la espiritualización de la mente, que cualquier otra biblia del mundo. Nuestra Biblia, entendida de verdad, es un libro para la emancipación de la humanidad de la esclavitud de todo mal, toda carencia y toda limitación.

Desde las enseñanzas de Moisés a través del pensamiento de los principales profetas, hasta la brillante manifestación de la Mente del Cristo por medio del pensamiento de Jesús, esta idea es reiterada una y otra vez –que si vivimos en armonía con el Espíritu, todo lo que hagamos, prosperará.

La Ciencia de la Mente enseña que por medio del conocimiento correcto, podemos definitiva y conscientemente demostrar (es decir, probar o hacer visible) resultados prácticos del pensamiento espiritual. Muchos miles han probado este principio y no existe ya ninguna duda de su efectividad.

La principal guía que hemos encontrado para esto está en los textos inspirados de las escrituras Cristianas. "Yo les digo, dijo el Señor, que abriré para ustedes las ventanas del cielo, y derramaré sobre ustedes tantas bendiciones, que no habrá espacio suficiente para recibirlas". "Y el rezará ante Dios y él le será favorable". "Porque todo el que pidió, recibió; y el que buscó, encontró; y al que toque, se le abrirá". "Pide y te será dado". "Y todo lo que pidas en oración, creyendo, lo recibirás".

Cree y Recibe

No hace ninguna diferencia si llamamos s esto fe o entendimiento. Realmente es fe fundamentada en entendimiento; es creencia elevada a la posición mental de la certeza no condicionada. Porque Jesús dijo que todo aquel que crea "...y no tenga duda en su corazón, sino que cree que esas cosas que dice sucederán, ese tendrá eso que dice. Por eso les digo, lo que sea que desean, cuando recen, crean que las reciben, y las tendrán".

Nada sería más definitivo o conciso que este enunciado. Debemos realmente creer que existe un Poder, una Inteligencia, una Ley, que hará que este deseo se manifieste en nuestra experiencia.

Existe una Ley de la Mente que sigue los patrones de nuestros pensamientos. Esta Ley funciona automáticamente. Siempre responderá correspondiendo. Así, Jesús dijo que se nos dará *según* nuestra creencia. La palabra *según* es importante porque implica que la Inteligencia creativa, al trabajar *para* nosotros, debe trabajar *por medio* de nosotros al nivel en que reconozcamos que está trabajando. Está trabajando *en espíritu y en verdad,* conforme a la Ley. Y debe existir una ley en toda oración, si es que existe un orden cósmico.

Entregando / Rindiendo el Intelecto

Nuestra mente humana se ha comparado al "Taller de Dios", porque es aquí donde las herramientas del pensamiento pueden dar forma conscientemente al destino, pueden forjar un nuevo futuro.

Se nos ha dicho que debemos hacerlo según el patrón que se nos mostró en la Montaña. Esto significa que debemos formular nuestras ideas sobre la premisa de que existe un Poder que lo sustenta todo y una Presencia que lo impregna todo alrededor de nosotros, y una Ley inmutable que nos sirve siempre cuando nuestras vidas están en armonía con la Naturaleza Divina. Por medio de una ley exacta, la demostración sigue a la palabra de fe. Esto exige la entrega / rendición del intelecto ante la convicción espiritual que se atreve a creer, sin importar cualquier evidencia contraria.

Debemos seguir en fe hasta que toda nuestra vida mental, tanto consciente como subjetiva, responda. Si vamos a rezar y prosperar, debemos creer que el Espíritu está dispuesto y es capaz de darnos ese regalo. Pero dado que el Espíritu puede solo dar lo que recibimos, y que el recibir es un acto mental, debemos entrenar a la mente para creer y aceptar. Éste es el secreto del poder de la oración.

No necesitamos grandes destrezas intelectuales para entender estas simples cosas. Jesús dijo que el Reino de los Cielos se alcanza con la fe de un niño. Otra vez dijo: "Te doy gracias, Oh Padre... porque has ocultado estas cosas de los sabios y los prudentes, y se las has revelado a los niños".

Así como las enseñanzas de Jesús anuncian la Presencia Divina, así su trabajo prueba la presencia de una Ley que recibió la impresión de su palabra y la convirtió en forma. No pidió más autoridad que aquella que demostró por medio de sus acciones. Dado que Jesús enseñó el sistema más definido de pensamiento espiritual jamás ofrecido al mundo, así como el más simple y directo, y dado que era capaz de probar sus enseñanzas con su obra, lo mejor que podríamos hacer es seguir su ejemplo. Hay dos maneras en las que podríamos hacerlo. Una es por medio de la fe ciega (y no podemos dudar de su efectividad), y la otra es por medio del entendimiento verdadero de las enseñanzas de Jesús. Así, el conocimiento pasa a ser fe de manera tan completa que es inquebrantable.

Instrucciones Explícitas

Jesús dejó instrucciones explícitas con respecto a la oración. Él dijo: "No juzguen según las apariencias". Es decir, no se confundan con las condiciones a su alrededor. Ésta es la primera gran instrucción de Jesús –tener una fe y confianza tales en el Invisible que las apariencias no te distraigan más.

Así llegamos a la preparación para la oración. Habiendo cerrado todas las apariencias contradictorias, entra al closet. Entrar al closet significa retirarte de tu propio pensamiento, dejar fuera toda confusión y discordia. Aquí, en el silencio del alma, observa la Sabiduría y el Poder todo-creativos, observa la siempre presente Substancia. Cuando hemos entrado al closet y cerrado la puerta a las apariencias exteriores, hacemos conocer nuestros pedidos – "las cosas que tú deseas".

Luego, Jesús nos dice que debemos *creer que realmente poseemos* el objeto de nuestro deseo, sin importar todas las apariencias contrarias. Debemos entrar a esta herencia invisible actuando como si fuera cierta. Nuestra fe en la substancia de lo Invisible tomará forma real. El Propio Dador Divino hace el regalo, pero primero debemos creer que lo hemos recibido, y entonces lo recibiremos –"... cree que lo has recibido y lo tendrás".

Éste es un enunciado velado de la Ley de Causa y Efecto funcionando en los asuntos humanos. Cuando hayamos creído que lo hemos hecho, realmente habremos dado nacimiento a la forma que va a ser presentada. Habiendo hecho conocido nuestro pedido con agradecimiento, y habiendo recibido la respuesta con gratitud, debemos descansar seguros en que la Ley traerá el resultado deseado.

"Tu mismo Padre que te ve secretamente, te retribuirá abiertamente". Descansa en paz sabiendo que está hecho". Este principio profundo que anunció Jesús (y la simple técnica para su utilización, en la que asesoró a sus seguidores) existe hoy en toda su plenitud. Es la piedra estructural sobre la que se construye nuestra filosofía.

Incluso en la comunión Divina tratamos con la Ley de Causa y Efecto. Nuestra oración invoca esta Ley Divina y la lleva a manifestarse en nuestro mundo exterior, en la medida en la que percibamos interiormente Su funcionamiento. Porque esto es cierto, la oración debe siempre ser definida, consciente y activa.

"Antes de Que Llamen..."

La oración nos ata al Poder que es capaz, y está listo y dispuesto a cumplir todo legítimo deseo; a traernos todo lo bueno; a darnos mucha más abundancia de la que esperamos. "Antes de que llamen, yo contestaré; y mientras estén aun hablando, yo escucharé". Este aligeramiento de la carga es importante porque cuando nos sentimos aislados, solos y luchando en contra de obstáculos tremendos, no estamos en igualdad de condiciones ante la tarea que tenemos en frente. La vida se convierte en un trabajo arduo en lugar de ser una perspectiva de júbilo. Pero si sabemos que la carga se retira de nuestros hombros y se coloca en los de la Ley, entonces el poder y la velocidad llegan a nuestras manos y nuestros pies; el gozo inunda la imaginación con anticipación.

El reflejo de una imagen en un espejo es idéntica a la imagen que se coloca frente al espejo. Así, la Ley de Causa y Efecto nos refleja de regreso una imagen semejante a la de nuestro pensamiento. Por eso se nos dice que reflejamos la gloria de Dios. Pero con mucha frecuencia reflejamos el miedo y la limitación de la humanidad en lugar de la gloria de Dios.

Debemos encontrar un nuevo significado para nuestra vida si esperamos crear nuevas imágenes que nos ofrezcan nuevos reflejos de regreso. Jesús no dijo que debemos juzgar según las apariencias sino que debemos juzgar correctamente. Si juzgamos solo según lo que sucede en este momento, nuestro reflejo de estas imágenes simplemente perpetuará la vieja limitación; pero si juzgamos correctamente, es decir, si miramos hacia la omnipotencia del Bien, crearemos nuevas imágenes de pensamientos que reflejarán una mayor abundancia.

La Oración es un Espejo

La oración es entonces un espejo que refleja las imágenes de nuestro pensamiento por medio de la Ley del Bien en experiencias externas. Pero, ¿estamos reflejando la gloria de Dios o la confusión de la humanidad? Jesús resaltó cuidadosamente que antes de alcanzar una posición de poder absoluto, debemos haber cumplido primero con la Ley del Amor. Porque todo el impulso del universo es el impulso del Amor, la manifestación de la Divina Entrega.

El Apóstol Pablo dijo: "Rezaré con el espíritu y rezaré con el entendimiento también..." Ésta es una instrucción que se nos da para que combinemos la intuición espiritual con la aceptación mental definitiva. Nos está diciendo que debemos usar el regalo de Dios conscientemente.

También se nos dice que debemos rezar sin parar, para mantener una convicción permanente, sin importar ninguna contradicción, obstrucción o aspecto aparente que pueda negar el bien que afirmamos. "Pero déjenlo pedir con fe, sin vacilación. Porque el que vacila es como una ola en el mar, llevada por el viento y revuelta". "A los correctos, el bien se les devolverá". "La mente de los correctos se mantendrá". "Observen, que los correctos serán recompensados en la Tierra". "El hombre correcto es librado de todo conflicto". Una persona correcta es alguien que vive conforme a la Divina Voluntad y a la Divina Naturaleza; alguien que vive en armonía con el bien.

Tenemos entonces el derecho de esperar, y debemos esperar, mientras nuestro pensamiento interior se mantenga alineado con el Infinito, que todo lo que hagamos prospere.

CAPÍTULO 23

La Vida Ama y Da

Creemos en la eterna Bondad, la eterna
Amorosa-Amabilidad, y la eterna Entrega de Vida a todos.

El Espíritu se ofrece a Sí Mismo a todos; el Poder de Dios se entrega a todos. "Todo el que quiera puede venir". No importa cuáles hayan sido tus errores del pasado, puedes trascender tanto el error como sus consecuencias, alimentándote del Espíritu de la Verdad, que es el Poder de Dios.

Esto no significa que podemos seguir viviendo en el error sin sufrir por él. Debemos trascenderlo. Es decir, debemos transmutar el odio en amor, el miedo en fe, y la sensación de separación en unión consciente con el bien. Cuando lo hayamos hecho, todo el registro del pasado desaparece y somos otra vez libres, como ha ordenado el Todopoderoso, y como debemos reclamar ser nosotros mismos.

Pero la libertad no es una licencia y la Ley de la Vida no puede ser engañada. Ésta es exacta y exigente. "Por lo tanto", dijo Jesús, "todas las cosas que otros te hagan, hazlas tú a ellos". "Da y te será dado".

Éste es un enunciado de la Ley de Causa y Efecto que es invariable e inmutable, pero que también es el juguete de Dios y de la humanidad, porque mientras que la Ley Misma no puede ser quebrantada, cualquier secuencia particular de causa y efecto en Ella puede trascenderse. La misma ley que trajo pobreza, enfermedad y muerte, utilizada correctamente puede traer paz, plenitud, prosperidad y vida.

El Reto de la Fe

Éste es el gran reto de la fe espiritual. La filosofía Cristiana nos propone no mirar con una introspección lastimera los errores previos; sino más bien acudir a diario a la Fuente de Vida para ser renovados en la mente, el pensamiento y el espíritu, para encontrar que somos también renovados en las condiciones del cuerpo y en los asuntos físicos.

Las Escrituras declaran con firmeza el triunfo del Espíritu de Cristo sobre todo mal: Sé transformado por la renovación de tu mente; dejando ir a tu antigua persona y poniendo delante a la nueva, que es Cristo. "Mira, yo estoy contigo siempre, hasta el fin del mundo".

CAPÍTULO 24

Nuestra Vida
Es la Vida de Dios

Creemos en nuestra propia alma,
nuestro propio espíritu y nuestro propio destino; porque
entendemos que la vida de todos es Dios.

No solo somos centros de la Consciencia de Dios; somos seres inmortales, siempre en expansión, siempre ascendiendo en espiral, siempre creciendo en estatura espiritual. No solo *algunas* personas, sino *todas* las personas, son inmortales, porque todos llegarán a superar o trascender el mal uso que hayamos hecho de la Ley por ignorancia. La completa redención llegará al final para todos.

Lo finito no ha captado aún cuáles son las transformaciones que deben darse como resultado, qué cambios de consciencia deben darse antes de alcanzarlas; pero por medio de los susurros de la Divina intuición, sabemos que a pesar de ver ahora a través de un cristal oscuro, podremos algún día mirar a la Realidad cara a cara. Nos sentiremos satisfechos cuando despertemos conscientemente asemejándonos a esa Divinidad que da forma a nuestros fines.

"Amados, ahora somos nosotros los hijos de Dios, y no nos parecemos todavía a lo que llegaremos a ser: pero sabemos que cuando él aparezca, seremos parecidos a él; porque lo veremos como es". Todos estamos en el proceso de la evolución espiritual, pero hay una certeza detrás de nosotros, delante de nosotros y con nosotros, en todo momento. La Luz Eterna se abrirá camino, ahí donde se lo permitamos.

Potencialmente todo lo que está por ser, existe ahora; pero nuestra visión espiritual no se ha afinado por completo con el

Infinito. Ésta es la tarea alturada que tenemos delante; ésta es la esperanza que no desfallece, que está implantada en nuestra mente por el Divino.

Las pruebas y problemas de la experiencia humana; el tanteo ciego de lo finito hacia lo Infinito; la enfermedad, la pobreza, la muerte, la inseguridad, el miedo y la duda que nos acompañan constituyen la cruz sobre la cual debemos ofrecer, como un sacrificio a nuestra ignorancia, eso que no pertenece al Reino del Bien. Pero de esta cruz, algo victorioso surgirá, porque como dijo Emerson: "Solo lo finito ha forjado y sufrido; lo infinito yace extendido en sonriente reposo."

¿No debemos entonces avanzar con gozo para encontrar el nuevo día, dedicándonos a incorporar el Espíritu de Cristo, para que lo Divino en nosotros surja victorioso, resucitado, para vivir eternamente en la Ciudad de Dios? No se puede pedir más que aquello que el Divino ya nos ha dado; no debe esperarse menos.

APÉNDICE

¿Cuáles Son Las Fuentes Que Hemos Citado?

El profesor Max Muller, uno de los más grandes Orientalistas Europeos y autor de *Los Libros Sagrados del Este,* ha dicho bien que "la verdadera religión del futuro será la plenitud de todas las religiones del pasado... Todas las religiones, hasta donde las conozco, han tenido el mismo propósito; todas fueron eslabones en una cadena que conecta el cielo y la Tierra; y que es sostenida y siempre lo fue, por una misma mano. Todo aquí en la Tierra tiende al bien, a la verdad y a la perfección; nada aquí en la Tierra puede ser jamás totalmente bueno, cierto, perfecto, ni siquiera en la Cristiandad –o en lo que se llama Cristiandad– mientras excluya a todo el resto de religiones, en lugar de amar y abrazar lo que es bueno en cada una".

Como muchas otras religiones de la antigüedad, el origen del **Taoísmo** es más o menos oscuro. Según algunas autoridades tuvo sus inicios alrededor del año 600 A.C. (antecediendo a Confucio, quien nació en el año 551 A.C.). El mundo asocia generalmente al **Taoísmo** con Lao-Tze, un filósofo metafísico chino que era 53 años mayor que Confucio. Debe haber sido este filósofo quien recopiló todas estas enseñanzas. Archdeacon Hardwick nos dice que la palabra china *Tao* "...fue adoptada para denominar una causa abstracta o el principio inicial de la vida y el orden, a los que los seguidores eran capaces de asignar el atributo de la inmaterialidad, la eternidad, la inmensidad, la invisibilidad".

Los **Upanishads**, los **Vedas**, el **Mahabarata**, la filosofía **Raja Yoga**, así como el **Bhagavad-Gita**, provienen todos de la sabiduría ancestral de la India.

La filosofía del **Buda**, que nació en el siglo VI A.C., es muy conocida como para no ameritar ningún comentario.

El **Libro Sagrado de los Parsis** se llama Zend-Avesta y es una colección de fragmentos de ideas que prevalecieron en la antigua Persia, cinco años antes de la era Cristiana y por varios siglos después.

El **Libro de los Muertos** es una serie de traducciones de los himnos y textos religiosos egipcios ancestrales. Fueron encontrados en las paredes de las tumbas, en sarcófagos y en papiros. Como en otras tradiciones sagradas, probablemente no existieron copias escritas en los tiempos iniciales; eran aprendidos de memoria y pasados de generación a generación de esta manera.

Algunos estudiantes creen que los libros de **Hermes Trismegistus**, que significa "los tres grandes", derivaron originalmente de la doctrina egipcia antigua. Hermes fue un Dios griego, hijo de Zeus y Maia, hija de Atlas. A Hermes se le atribuye la autoría de todos los libros estrictamente sagrados, llamados por los autores griegos, la **Hermética**. Según algunos expertos, el egipcio Hermes "fue un símbolo de la Mente Divina; era el Pensamiento encarnado, el Mundo vivo –el tipo primitivo del Logos de Platón y la Palabra de los cristianos..."

Los **Fragmentos de una Fe Olvidada** son tomados de los Textos Gnósticos, esos "que usaron los Textos Gnósticos como el medio para fijar sus pies en el Camino de Dios". El Gnosticismo fue pre-Cristiano y se originó en la religión y filosofía antiguas de los griegos, los egipcios y los judíos.

Según H. Polano, el **Talmud** contiene "...los pensamientos... de mil años de la vida nacional de la gente judía".

El **Corán** es el libro sagrado de los mahometanos, que consiste de revelaciones transmitidas oralmente por intervalos por Mahoma, y registradas por escrito después de su muerte. El Corán es considerado uno de los libros sagrados más importantes del mundo.

Los **Libros Apócrifos** son una colección de escritos antiguos. La palabra de origen griego "apócrifo", se usó originalmente para referirse a libros, cuyos contenidos se mantenían ocultos o secretos porque incorporaban las enseñanzas especiales de religiones o sectas filosóficas; solo los miembros de estas sectas fueron iniciados en estas enseñanzas.

Una Ciencia de la Religión y Una Religión de la Ciencia

Cómo la ciencia y la espiritualidad, una vez vistas como antagonistas, se están acercando.

Una Ciencia de la Religión y Una Religión de la Ciencia

Existen tres clasificaciones generales del conocimiento –la ciencia, la filosofía y la religión. Por *ciencia* entendemos el conocimiento organizado de la ley natural y su aplicación a la vida. Por *filosofía* entendemos las opiniones que sostenemos sobre el mundo, la vida y la realidad. A pesar de que generalmente hablamos de la filosofía en relación a aquellos enunciados que han sido registrados por escrito por personas cuyas opiniones respetamos, de hecho la filosofía es cualquier opinión de cualquier persona sobre cualquier cosa. Por *religión* entendemos la creencia de cualquier persona con respecto a su relación con el universo invisible. O podemos decir, religión es la idea de Dios o de los dioses de la humanidad –o la realidad definitiva.

¿Leyes U Opiniones?

Parece ser que hay muchas filosofías y muchas religiones, ya que en ambas instancias éstas constituyen opiniones. Pero no sucede lo mismo con la ciencia, porque la ciencia es un conocimiento de las leyes de la naturaleza. Un científico, sea cual fuera su campo de investigación, es alguien que usa los principios universales. Una vez que se ha descubierto un principio, y que las leyes lo gobiernan son comprobadas, el científico mantiene una fe absoluta en ese principio.

La ciencia no es una investigación del por qué, sino del cómo. La ciencia no intenta responder el por qué de nada, es decir, la razón de su existencia. (Si fuese a cambiar su ámbito de conocimientos de principios y hechos, al ámbito de la investigación de por qué existen estos principios, entonces la ciencia se convierte en filosofía).

Hoy en día, mucha gente de ciencia está empezando a especular más profundamente en principios científicos. Y al hacerlo, sus especulaciones caen en dos clasificaciones filosóficas generalizadas.

Estas especulaciones usualmente los conducen ya sea a un fundamento filosófico del *materialismo* o a un fundamento filosófico de *idealismo*.

Tanto los materialistas como los idealistas creen que el universo es una cosa hecha de inteligencia. La única diferencia es que los materialistas se rehúsan a admitir que la inteligencia que opera a través de las leyes de la naturaleza se apoya en alguna forma de consciencia o está impregnada de ella; es decir, que la inteligencia es meramente una fuerza ciega pero inteligente, un conglomerado de leyes inmutables de causa y efecto sin ningún elemento de consciencia, sentimiento o sensibilidad. Los materialistas solo ven la fuerza ciega, pero ven una fuerza ciega organizada inteligentemente.

Los idealistas, sin embargo, sienten que apoyándose en las leyes de la naturaleza operando en ellas y por medio de ellas, están la volición y la consciencia. Los idealistas mantienen que la manifestación de la vida física sobre este planeta está siempre en concordancia con la inteligencia organizada, y también siente que puede atribuírsele responsabilidad a la inteligencia organizada solo si existe un Ingeniero, y también una Maquinaria.

Por lo tanto, hay dos ramas de la filosofía –la idealista y la materialista. La idealista cree en la consciencia, es decir, en un Universo Espiritual, mientras que la materialista no cree en él.

La Gran Diferencia

Naturalmente, el científico que es filosóficamente un materialista, no cree en un Dios, en un Universo Espiritual, o en una consciencia en el Universo que responda a la humanidad. Este científico no cree en la inmortalidad del alma individual, ni puede darle un significado real al alma. Este científico puede ser un humanitario y una muy buena persona, pero su filosofía de fondo es: "Te entierran y todo se acabó".

El científico que siente que el universo *tiene* una consciencia, no encuentra ninguna dificultad en creer en Dios o en el universo como un sistema espiritual, impregnado de una consciencia que responde a la humanidad. Por lo tanto, este científico cree en la oración, la inmortalidad y el valor de la fe, y siente que la vida tiene un significado definido. Un número cada vez mayor de científicos están tomando esta posición.

Pero si el idealista es una persona científica, creyendo como debe que todo es gobernado por la ley, la religión del idealista no puede ser la superstición. El idealista no puede creer en un Dios que se dedica más a una persona que a la otra, o que estima más a una persona que a otra; tampoco puede creer que las leyes de la naturaleza pueden vulnerarse o modificarse por medio de la oración o por la fe de alguien. Por lo tanto, la mente científica que al mismo tiempo es también idealista, cree que el universo no solo es inteligente sino que también es consciente, y este científico no estará satisfecho con ningún concepto religioso que contradiga la razón, el sentido común y un cosmos de ley y orden .

El Regreso a la Espiritualidad

Cuando los descubrimientos tempranos de la ciencia refutaron las antiguas supersticiones y probaron que este mundo no es el centro del universo, que es redondo y no llano, la fe de mucha gente empezó a debilitarse. La gente inteligente ya no podía considerar válidas las antiguas consignas, dogmas y supersticiones, y la religión formal empezó a perder su control sobre la mente investigadora científica. El materialismo estaba en ascenso.

Sin embargo, hoy en día encontramos un número mayor de científicos surgiendo de esa era de materialismo. Esto se debe a que la ciencia moderna no ha sido capaz de resolver teóricamente el universo material solo con una energía puramente mecánica, sino que ha descubierto que las partículas más pequeñas que ésta supone que existen, ejercen una cierta volición, que deja espacio, por supuesto, para la libertad .

Una vez que has establecido la libertad y la volición como factores operativos, en conexión con la energía que se convierte en forma, entonces has establecido un universo de consciencia. Y una vez que has establecido un universo de consciencia, estableces la posibilidad de la comunión y llegas a un fundamento lógico para la fe, la oración y la vida mística y religiosa.

Se ha dado un crecimiento tremendo de conocimiento en el mundo en los últimos cientos de años. Sin embargo, la gran mayoría de la gente ha pensado poco en sus implicancias. Para la mayoría, la religión ha sido sostenida supersticiosamente –y sin lugar a duda, con gran provecho para aquellos que creían en ella– o ha sido rechazada.

Pero hoy se está dando un cambio firme y acelerado hacia las convicciones espirituales. Estos conceptos espirituales nuevos, vitales y dinámicos, han establecido fundamentos sólidos bajo nuestra tendencia religiosa innata, fundamentos firmes que las personas científicas no tienen que rechazar, y que las personas no científicas pueden aceptar sin superstición.

Esto es lo que queremos decir por religión científica. No queremos decir que la religión se reduzca a frialdad, que no implique sentimientos ni emociones, sino que la ley y el orden se suman a los sentimientos y emociones. Tenemos todo el derecho de hablar de una religión científica o una ciencia de la religión. Pero, ¿en qué podría basarse una religión científica así? Solamente podría basarse en el principio de la Mente, la Inteligencia y la Consciencia, lo que muchos notables científicos aseguran hoy que es la realidad fundamental y definitiva.

La ciencia al afirmar la consciencia en el universo (es decir, una Presencia y una Inteligencia espiritual), también afirma que la consciencia individual es de una naturaleza similar. Por lo tanto, una religión científica no excluye lo que llamamos oración o comunión, a pesar de poner mucho más peso en la comunión que en la petición. Por ejemplo, una religión científica no podría creer que nuestras peticiones a Dios pueden cambiar el orden natural del universo o revertir las leyes de la naturaleza.

Sin embargo, la oración se ha convertido hoy en la comunión de lo inferior con lo superior, lo que hace posible para nosotros, no revertir la ley natural, sino revertir nuestra *posición* en ella, de tal manera que el lazo se convierte en libertad.

Una Ciencia Religiosa

Podríamos hablar de una ciencia religiosa pura como hablaríamos de una ciencia natural pura, lo que implica el estudio de las causas naturales. Podríamos hablar de ciencia religiosa pura como esa rama de la ciencia que estudia los principios naturales; la naturaleza de la Consciencia y de la Mente. Luego podríamos hablar de la ciencia religiosa aplicada como la aplicación de estos principios a las necesidades humanas con fines prácticos, y es aquí donde encontramos el estudio de la oración, la fe y las acciones y reacciones mentales.

En este uso de la fe, la oración, la comunión o el Tratamiento espiritual, aplicamos los principios de la Mente, el Espíritu, la Inteligencia, la Consciencia, la Ley, y el orden a los problemas cotidianos. Al hacerlo, seríamos entonces más que un religioso teórico; tendríamos una religión aplicada y práctica.

Esto es exactamente a lo que nos referimos cuando hablamos de una ciencia de la religión y una religión de la ciencia, porque usamos estos términos en sus sentidos más amplios. Usamos el término "religión" desde el punto de vista de la religión universal, incluyendo a todas las creencias religiosas –la Cristiana, la Budista, la Mahometana o cualquier otra fe– y pensamos en la oración, la comunión y las leyes de la consciencia como aplicables a todas las personas. En resumen, universalizamos el Principio que por naturaleza es universal. Así, cada religión se acerca al mismo Dios y debe básicamente creer en el mismo Dios. Pero una religión científica no puede creer en ningún concepto de Dios que niegue un universo de ley y orden, o que intenta excluir a alguien de sus beneficios.

No sería científico ni racional creer que Dios, o la Inteligencia Suprema, estima más a una persona que a otra. Porque como declaró la Biblia de manera tan cierta y audaz: "Y permite que se acerque aquel que tiene sed. Y quien quiera que sea, déjalo beber del agua de la vida libremente".

Todo es Amor – Todo es Ley

Uno llega a estar de acuerdo con Robert Browning con respecto a que "todo es amor, y sin embargo, todo es ley", y en que existe una Ley impersonal, así como una relación personal con el Espíritu. Esta Ley existe para todos. Como las leyes de las Matemáticas o cualquier otra ley natural, pero la relación se personifica por medio de cada individuo al nivel de su consciencia, al nivel de la comprensión de cada persona de lo que Dios significa para él o ella.

La inteligencia y la razón deben ser las reglas del pensamiento, y Dios debe ser accesible a todos por igual. El religioso científico no puede creer en milagros, pero no negará el poder del pensamiento espiritual. El religioso científico pensará más bien, que los llamados milagros, resultantes de la fe espiritual, se han dado en conformidad con la ley natural y el orden cósmico, y que pueden ser reproducidos a voluntad. Aquello que han experimentado los iluminados y que las personas de gran poder espiritual han comprobado, los religiosos científicos sienten que pueden ser utilizados deliberadamente en el día a día.

El individuo que cree en un Principio, una Inteligencia o una Consciencia que lo gobierna todo, llega a tener la sensación de que entiende las leyes, o por lo menos algunas de las leyes de este Principio; de esta manera, la persona siente que es intensamente sano y humanamente práctico aplicar la fe, la consciencia y la convicción espiritual a la solución de los problemas humanos. Esto es lo que se entiende por el Tratamiento Espiritual Mental.

Tratamiento Espiritual Mental

El Tratamiento espiritual mental se basa en la creencia o en la teoría, que ahora consideramos que tiene un fundamento sólido, según la cual existe un Principio de Inteligencia en el universo, que no es solo creativo y que da lugar al surgimiento de la forma objetiva, sino que tiene una capacidad de respuesta inmediata ante nuestra consciencia. Y siendo universal, es omnipresente; y siendo omnipresente, no se refiere solo a *dónde* estamos sino a lo *qué* somos. Así, los religiosos científicos sienten que han entendido a lo que Jesús se refería cuando dijo: "Las palabras que les digo, no provienen de mí sino del Padre que vive en mí. De él provienen las obras".

Así como toda ciencia pura debe pasar a ser ciencia aplicada antes de serle útil a la humanidad, del mismo modo, los conceptos religiosos deben llegar a convertirse en religión aplicada antes de tener una aplicación práctica. Y es la aplicación de la religión a la solución de nuestros problemas de la que debemos hablar como una demostración del Principio.

¿Cuáles son entonces los aspectos puros y los aplicados de este Principio? La base o el concepto puro es que existe una Inteligencia Absoluta en el universo –una Realidad indivisa, no nacida, inmortal, invariable. Ya que nadie hizo a Dios y que Dios no se hizo a sí mismo, aquello que era, es y será, permanecerá.

Se desprende de nuestra primera premisa (Dios es todo lo que existe) que no existe nada fuera de Dios. Así, toda la manifestación de la Vida es una evolución o un desenvolvimiento de la forma a partir de lo que no tiene forma y es eterno. Esta Causa inteligente, este Principio de Dios indiferenciado y sin distribuir, uno y completo en Sí Mismo, es la fuente de la que toda acción procede y en la que toda creación se da.

A estas alturas uno puede mantener lógicamente la creencia, la opinión o la certeza, de que Dios como nosotros, en nosotros, *es* nosotros; que cuando proclamamos es Él el que proclama, pero al nivel de nuestra consciencia. Por lo tanto, el cosmos se refleja o se manifiesta en, o por medio de, el individuo. Uno no puede preguntarse por qué existe la humanidad, más que preguntarse por qué existe Dios. La Inteligencia existe y la interpretamos. Por lo tanto, somos Su representación; somos personificaciones de lo Infinito gobernados por las mismas leyes. Pero somos más que ley; somos consciencia.

Aplicando los Principios

Aplicar los principios de una ciencia de la religión así a nuestros problemas cotidianos es tan necesario como aplicar de manera práctica las teorías de cualquier ciencia... si es que van a ser de algún valor. No es suficiente simplemente especular o filosofar. Ciertamente, no es suficiente abstraer nuestro pensamiento y simplemente anunciar un Infinito, porque el Infinito no puede significar nunca más para nosotros que el uso del mismo. Esto es cierto en cualquier y todo principio de la naturaleza.

Si existe una Inteligencia Creativa infinita que crea cosas a partir de sí misma, convirtiéndose en las cosas que Ella crea, y si nosotros existimos y somos conscientes, entonces el Genio Creativo de esta mente Universal es también el genio creativo de Su individualización, a la que llamamos humanidad.

La inteligencia no puede escaparse de las proposiciones enunciadas arriba; la inducción y la deducción correctas no pueden escapar. Así es que la mayoría de los grandes genios intelectuales que han vivido han proclamado estas verdades en sus propias lenguas, de sus propias maneras, en sus propios momentos, para su propia era. Muchos creen que Jesús proclamó estas verdades para todas las eras porque él era muy universal en sus conceptos.

Una forma de pensar así no pertenece a ninguna secta, a ningún grupo, a ninguna clase, y ciertamente a ninguna persona. No requiere una revelación especial, más bien, para este sistema particular de pensamiento, hechos de todas las eras y todos los grupos humanos, de todas las filosofías y religiones, han sido reunidos en este particular sistema de pensamiento. Y utilizando métodos prácticos que cualquier otra investigación científica utilizaría, esta forma de pensar está disponible al mundo y presenta ante él la Ciencia de la Mente, con un mensaje de libertad e iluminación.

I.   LA GRAN DIFERENCIA

II. III. IV. V. VI.   EL REGRESO A LA ESPIRITUALIDAD

VII.   TRATAMIENTO ESPIRITUAL MENTAL

[1] *"La religión y la ciencia natural están librando juntos una batalla en una cruzada incesante, que nunca decae, contra el escepticismo y el dogmatismo, las creencias erróneas y la superstición, y el grito de guerra en esta cruzada siempre ha sido y siempre será: ¡A Dios!"*

[2] *Teoría de la Indeterminación de Heisenberg.*

[3] *Teoría de la equivalencia de la energía y la materia de Einstein.*

[4] *"La idea según la cual Dios... no es un ser de capricho y antojo, como ha sido representado en todos los cuerpos de pensamiento de la antigüedad, sino que es un Dios que rige conforme a una ley... Esa idea ha impregnado a la ciencia moderna, y es sin lugar a dudas, la base de la civilización moderna".* Robert A. Millikan

[5] *... Que la consciencia es un singular cuyo plural es desconocido; que existe solo una cosa y que eso que parece ser una pluralidad, es meramente una serie de aspectos diferentes de esta única cosa".* Erwin Schrodinger

[6] *"La oración y la propiciación pueden aún influenciar el curso de los fenómenos físicos cuando están dirigidas a estos centros".* Sir Arthur Eddington

[7] *"Descubrimos que el universo muestra evidencia de un poder diseñador o controlador que tiene algo en común con nuestras propias mentes individuales".* Sir James Jeans

5

Cómo Dar un Tratamiento
Espiritual Mental

*Instrucciones paso a paso de cómo usar la Ciencia de la Mente
para tus necesidades personales.*

Cómo Dar Un Tratamiento Espiritual Mental

Toma un tiempo definido por lo menos dos veces cada día para estar solo, sentarte, tranquilizar tu mente y pensar en Dios. Intenta llegar a una sensación profunda de paz y calma. Asume entonces una actitud de fe en un Poder mayor a ti.

Luego di: *Las palabras que pronuncio son mi ley del bien y ellas producirán el resultado deseado porque en ellas opera un Poder más grande que yo. Solo el bien emana de mí y solo el bien regresa a mí.*

Ahora estás listo para dar un Tratamiento específico para ti mismo. Empieza diciendo: *Esta palabra es para mí mismo. Todo lo que digo es para mí y sobre mí. Es la verdad sobre mi verdadero ser.* (Estás pensando sobre tu naturaleza espiritual, la Divina Realidad de ti mismo, el Dios en ti). Di: *Existe Una sola Vida, esa Vida es Dios, esa Vida es perfecta, esa Vida es mi Vida ahora.* Dilo despacio y con profundo significado.

Luego di: *Mi cuerpo es una manifestación del Espíritu Vivo. Es creado y sostenido por la Única Presencia y el Único Poder. Ese Poder está fluyendo dentro de mí y a través de mí ahora, animando cada órgano, cada acción y cada función de mi ser físico. La circulación, asimilación y eliminación son perfectas. No hay congestión, no hay confusión y no hay inacción. Soy Uno con el ritmo infinito de la Vida que fluye a través de mí con amor, armonía y paz. No hay miedo, no hay duda y no hay incertidumbre en mi mente. Estoy permitiendo que esa Vida que es perfecta fluya a través de mí. Ella es mi Vida ahora. Existe Una sola Vida, esa Vida es Dios, esa Vida es perfecta, esa Vida es mi Vida ahora.* (Al tratar condiciones particulares, usa una de las afirmaciones específicas que aplican a tu necesidad).

Luego, niega todo lo que lo contradice. Después de cada negación, sigue con una afirmación directa de su opuesto. De cierta forma, tú estás presentando un argumento lógico a tu propia mente, basado en la creencia que existe solo una Vida, que es perfecta y que es tu vida ahora. La evidencia que surge de tu argumento debe llegar a una conclusión que hace que tu mente acepte el veredicto de la perfección. Recuerda, no estás hablando de tu cuerpo físico como algo separado del Espíritu, sino sobre el Dios en ti. Por lo tanto, no tendrás ninguna dificultad en convencerte que este Dios en ti es perfecto.

Has alcanzado ahora un lugar de realización, donde tú entras en un sentimiento de seguridad que proviene de una consciencia de la Presencia Divina en, alrededor y a través de ti. Este período de realización debe durar varios momentos durante los cuales te sientas en silencio, aceptando el significado de lo que has dicho. Entonces, di: *Ya está hecho. Está ahora completo. Existe solo Una Vida, y esa Vida es Dios, esa Vida es perfecta, esa Vida es mi vida ahora.*

Entre estos períodos de meditación, trata de mantener tu mente enfocada, de tal manera que no contradiga lo que has dicho en el Tratamiento. Mantén tu mente abierta en todo momento ante un influjo de nueva inspiración, nuevo poder y nueva vida. Acepta lo que has dicho con gozo y gratitud.

Nota: Cuando trates a otro, di: "Esta palabra es para… luego menciona el nombre de la persona, y sigue exactamente como si estuvieras haciendo un Tratamiento para ti mismo.

Afirmaciones Específicas

ACCION CORRECTA

Todo lo que hago, digo y pienso, es gobernado por una Inteligencia Divina, e inspirado por la Divina Sabiduría. Soy guiado hacia la acción correcta. Estoy rodeado de amistad, amor y belleza. Hay gozo, vitalidad e inspiración entusiasta en todo lo que hago. Soy consciente de la Guía Divina. Acepto la completa felicidad, la salud abundante y la prosperidad siempre en aumento. Soy consciente de mi sociedad con el Infinito. Sé que todo lo que haga prosperará.

FELICIDAD

Cada pensamiento de no ser deseado, o de sentirse miedoso; cada pensamiento de incertidumbre y duda, es erradicado de mi mente. Me apoyo en Dios solamente, en quien vivo, me muevo y tengo mi ser. Un sentimiento de felicidad, paz y certeza fluye a través de mí. Tengo confianza en mí mismo porque tengo confianza en Dios. Estoy seguro de mí mismo porque estoy seguro de Dios.

PROBLEMAS

El Espíritu en mi interior conoce la respuesta al problema que enfrento. Yo sé que la respuesta está aquí y ahora. Está en el interior de mi mente porque Dios está justo donde yo estoy. Ahora giro del problema hacia el Espíritu, aceptando la respuesta. En calmada y perfecta confianza, en fe perdurable y completa paz, dejo ir el problema y recibo la respuesta.

ÉXITO

Sé exactamente lo que debo hacer en cada situación. Cada idea necesaria para vivir con éxito llega a mi atención. La puerta de entrada a las oportunidades para la auto-expresión, siempre en expansión, se abre ante mí. Continuamente experimento nuevas y más grandes experiencias. Cada día trae un bien mayor. Cada día trae más bendiciones y una auto-expresión mayor. Soy próspero en todo lo que hago. No hay aplazamiento, no hay demora, ni obstrucción u obstáculo que impida el progreso de la acción correcta.

ABUNDANCIA

Me identifico con la abundancia; suelto todo el miedo y la duda. Dejo ir toda la incertidumbre. Sé que no hay confusión, no hay falta de confianza. La Presencia de Dios está conmigo. La Mente de Dios es mi mente. La Libertad de Dios es mi libertad. El Poder de Dios es mi poder. La Abundancia de Dios llena todo buen deseo mío ahora mismo.

SEGURIDAD

La Ley de Dios está fluyendo a través de mí. Soy uno con el ritmo de la Vida. No hay nada que temer. No hay nada por lo que sentir incertidumbre. Dios está sobre todo, en todo y a través de todo. Dios está justo donde estoy yo. Estoy en paz con el mundo en el que vivo. Estoy en casa con el Divino Espíritu en el que estoy inmerso.

AMOR

Hoy otorgo la esencia del amor a todo. Todas las personas que encuentre serán amorosas conmigo. Mi alma conecta con el alma del Universo en todos. Este amor es un poder sanador que toca todo haciéndolo pleno.

6

Tratamientos Espirituales Mentales Para Uso Personal

Cuarenta guías inspiradoras para resolver
problemas y cambiar tu vida.
Seguidas de afirmaciones de aplicación específica.

CAPÍTULO 25

Disuelve Obstáculos
y Condiciones Erróneas

Saber que el gran "Yo Soy" está siempre disponible, te da una capacidad mayor para tomar de Él y hacerte interiormente consciente de la presencia del Espíritu dentro de ti. Por medio de la contemplación silenciosa de la acción total del Espíritu, aprende a observar con calma y en silencio toda falsa condición, viendo a través de ella el lado invisible de la Realidad que moldea las condiciones y recrea todos tus asuntos más cercanos a un patrón Divino.

Con una visión espiritual penetrante, puedes disipar la obstrucción, remover el obstáculo, y disolver la condición errónea.

Di:

Exijo ahora la salud en lugar de la enfermedad, bonanza en lugar de pobreza, felicidad en lugar de miseria.

En la medida en la que gane maestría sobre el sentido de negación, ya sea de dolor o de pobreza, estoy probando la Ley de la Mente en acción.

Cada pensamiento de miedo o limitación es removido de mi consciencia.

Sé que mi palabra trasmuta cada energía en acción constructiva, produciendo salud, armonía, felicidad y éxito.

Sé que existe *algo* en el centro de mi ser que es absolutamente seguro de *sí mismo*.

Eso tiene total seguridad y me da total seguridad de que todo está bien.

Mantengo mi posición como Ser Divino, aquí y ahora.

CAPÍTULO 26

Retira los Bloqueos
de Tu Vida

Sabes que hay un Dios-Poder en el centro del ser de toda persona, un Poder que no conoce la carencia, la limitación, el miedo, la enfermedad, la inquietud ni la imperfección. Pero porque eres un individuo, puedes edificar una pared de pensamientos negativos entre esta perfección y tú. La pared que te aleja de tu bien mayor se construye con bloques mentales, se cimenta en el miedo y la incredulidad mezclados en el mortero de la experiencia negativa. No es necesario que la pobreza y el dolor te acompañen en tu experiencia a lo largo de la vida.

Di:

Sé que hay una Presencia, un Poder y una Ley en mi interior, irresistiblemente atrayendo todo a mi experiencia, que hace que la vida valga la pena.

Sé que la amistad, el amor y la riqueza, la salud, la armonía y la felicidad, son mías.

Sé que nada sino el bien puede salir de mí, por lo tanto, el bien que recibo es la compleción de un círculo –el cumplimiento de mi deseo para todos.

Me niego a juzgar según las apariencias, ya sean mentales o físicas, sin importar lo que diga el pensamiento, o lo que parezca ser.

Siempre existe un Poder más elevado.

Me apoyo en este Poder con absoluta confianza de que nunca me fallará.

Repudio el mal, desecho todo temor que lo haya acompañado, y continuamente ejercito el dominio que me pertenece por derecho.

CAPÍTULO 27

Descubre Tu Perfección Interior

Solo al vivir afirmativamente puedes ser feliz. Al saber que solo hay un solo Espíritu en el que todos viven, se mueven y tienen su ser, sentirás este Espíritu no solo en tu consciencia sino también en tus asuntos. Estás unido a todo. Eres uno con la eterna Luz. La Presencia del Espíritu en tu interior bendice a todos los que conoces, tiende a sanar todo lo que tocas, trae alegría a la vida de todos aquellos que contactas. Por lo tanto, eres una bendición para ti mismo, para la humanidad, y para el día en el que vives.

Di:

Hoy, yo descubro la perfección en mi interior. Revelo el Reino que vive en mí en su plenitud. Miro hacia afuera, hacia el mundo de mis asuntos, sabiendo que el Espíritu en mi interior hace mi camino correcto y fácil.

Sé que no hay nada en mí que podría obstruir o detener el Divino circuito de la Vida y el Amor, que es Dios.

Mi palabra disuelve todo pensamiento o impulso negativo que pudiera echar una sombra sobre mi perfección.

La sabiduría brilla a través de mis pensamientos y mis acciones.

La vida armoniza mi cuerpo y lo revitaliza; mi cuerpo manifiesta perfección en todas sus células, órganos y funciones.

El amor armoniza mi mente para que el gozo cante en mi corazón.

Estoy en completa unidad con el Bien.

CAPÍTULO 28

La Seguridad es Tuya
Ahora Mismo

No seas como Job, que exclamó: "... lo que más temía, me ha sucedido...". En lugar de eso, deja ir tus miedos y acepta saber que la Mente de Dios te guía en todo lo que haces, y hace el camino que tienes delante, uno de gozo, alegría y seguridad. Tu vida está siempre en las manos de Dios, y si lo permites, serás guiado, protegido y llevado con toda seguridad a través de todas sus experiencias.

Di:

Sé que la Inteligencia Divina me ayuda ahora a controlar mis pensamientos y me encausa a esperar que solo cosas buenas lleguen a mi experiencia.

Al aceptar ahora Su guía, Ella fluye a través de mí y fuera de mí, alcanzando todo lo que hago y toda situación.

Sé que hoy y todos los días, el Poder del Espíritu Vivo hace perfecto el camino ante mí.

La Inteligencia Divina está siempre actuando en mi mente, diciéndome lo que es mejor hacer, aconsejándome sabiamente, y guiándome gentil pero firmemente hacia caminos de prosperidad, alegría y salud física.

Estoy siempre protegido por el Amor de Dios; estoy seguro en las manos de Dios.

Cada sensación de ansiedad e inseguridad queda ahora disuelta y se desvanece.

Solo el bien llega a mí y sale de mí.

Esto es lo que espero.

Esto es lo que acepto en mi experiencia.

CAPÍTULO 29

Cómo Experimentar
La Inspiración

El discípulo Juan nos cuenta que Jesús dijo: "Dios es un Espíritu y aquellos que lo adoren deben hacerlo en espíritu y en verdad". Realmente es maravillosa la concepción de la unión de toda la vida que Jesús proclamó en éxtasis de su iluminación: "Mi Padre y yo somos uno". Toda causa y todo efecto provienen del Espíritu invisible. Tú eres uno con este Espíritu y no puedes ser separado de Él. Tu palabra tiene poder porque tu palabra es la acción de Dios por medio de tu pensamiento.

Di:

Ahora aclaro mi visión y purifico mi pensamiento, para que se convierta en un espejo que refleja la inspiración directamente desde el lugar secreto del Más Elevado, en el centro de mi propio ser.

Hago esto por medio de la contemplación silenciosa; no a través de un esfuerzo denodado, sino aprendiendo a ayunar de toda negación y a darme un banquete de afirmaciones de realización espiritual.

Sé que no necesito quebrarme nunca ante la embestida de cualquier confusión que exista alrededor de mí.

Hoy camino a la luz del Amor de Dios.

Soy guiado y mi guía se multiplica.

Existe una inspiración en mi interior que gobierna cada uno de mis actos y mis pensamientos... con certeza y convicción, y en paz.

Sé que la llave que abre la casa del tesoro, la llave del reino de Dios, es mi mano espiritual, y yo entro al reino y lo experimento hoy.

Éste es el reino de la creación de Dios.

CAPÍTULO 30

Cómo Evitarte Problemas

Es imposible que experimentes plenamente el gozo de la vida mientras te identifiques con cualquier cosa que sea menos que eso. Las imágenes de tu pensamiento las atraes hacia ti, y tú eres atraído hacia... gente, circunstancias y situaciones, que se le asemejan. Una vez que lo reconozcas completamente, entenderás que para cambiar condiciones indeseables, o para protegerte de ellas, debes necesariamente cambiar el patrón básico de tu pensamiento.

Esto requiere que estés constantemente en guardia con respecto a lo que dejas entrar a tu mente, o lo que dejas surgir de recuerdos negativos de tu pasado. Cuando esos pensamientos son contradictorios a tu bien mayor, estos deben ser descartados inmediatamente y reemplazados por su opuesto, con ideas que afirman solo tu bienestar en todo sentido.

Di:

Sé que soy el hijo del Más Elevado.

Soy uno con la Inteligencia y la Perfección que respaldan a todo.

Como es la naturaleza del pensamiento el externalizarse, haciendo surgir condiciones que corresponden exactamente al pensamiento, yo afirmo que mis pensamientos son guiados Divinamente.

Me permito tener solo ideas constructivas; descarto con voluntad todo el resto.

Soy consciente de que existe un Principio de Perfección en el centro de mi ser, una Presencia Invisible que Se externaliza para siempre para mí y por medio de mí en todo camino de la vida, hoy y todos los días.

CAPÍTULO 31

Elimina Situaciones Negativas
De Tu Vida

El bien está en la raíz de todo, sin importar su aparente ausencia. Pero este bien debe ser reconocido. Ya que existe solo un Espíritu y este Espíritu está en ti y en todo, entonces, donde quiera que vayas, encontrarás a este Espíritu. Lo encuentras en la gente, en lugares y en las cosas. Este Espíritu único que se manifiesta a Sí Mismo en y a través de todo, incluyéndote a ti, automáticamente ajusta las partes al todo.

Por lo tanto, puedes aceptar con certeza segura, que el Espíritu en tu interior va delante de ti y prepara tu camino. Tu fe es puesta en algo positivo, cierto como las leyes de la vida, exacto como los principios de las Matemáticas. Es la Fuerza vital viva que sostiene todos tus pensamientos y actos cuando están en armonía con Él.

Di:

Yo sé que el Espíritu en mi interior va delante de mí, haciendo el camino de mi experiencia perfecto, simple, recto, fácil y feliz.

No hay nada en mí que pueda obstruir los Divinos circuitos de la Vida, de Plenitud y Perfección.

Mi palabra afirmativa disuelve todo pensamiento o impulso negativo que pueda echar una sombra de imperfección sobre el marco de mi experiencia.

Me identifico a mí mismo solo con el Espíritu Vivo, con todo el Poder, toda la Presencia y toda la vida que existe.

Elevo mi copa de aceptación, sabiendo que el Divino lo llenará hasta el tope.

CAPÍTULO 32

Cómo Asegurar Que Sucedan
Las Cosas Correctas

Acción correcta significa que todo propósito legítimo y constructivo que tengas en mente será ejecutado exitosamente. Significa que sabrás qué hacer, cómo pensar, cómo actuar, cómo proceder. Sabes definitivamente que si tu pensamiento está de acuerdo con la Divina Naturaleza, es realmente la Ley de Dios la que se está cumpliendo a Sí Misma en tu experiencia. Por lo tanto, no hay nada en ti, o alrededor de ti, que pueda limitar tu pensamiento constructivo. El Poder de esta Ley está en tu interior, y la acción resultante de ese Poder produce armonía, paz, gozo y éxito.

Di:

Sé que la provisión que cubre todas mis necesidades –físicas, mentales y espirituales– está en esta consciencia de la Naturaleza Divina, y acepto esa provisión con la más profunda gratitud.

Me siento agradecido porque ésta es la manera en la que la Vida cubre mis necesidades por medio de la puerta de entrada a mi ser interior, y estoy agradecido por saber cómo usar esta Ley perfecta.

Vengo a esta gran Fuente de Provisiones que está en el mismo centro de mi ser para absorber aquello que necesito, mental y físicamente; y me siento colmado de la sensación de realidad de aquello que deseo.

Permito que esta consciencia invada el mundo de mi pensamiento y de mi acción, sabiendo que trae paz, armonía y orden alrededor de mí.

Surge en mí una fe renovada en los recursos ilimitados de la Divina Presencia, la Ley perfecta, y ahora la acción afirmativa está en todos mis caminos.

CAPÍTULO 33

Libérate del Miedo Hoy

Tener el corazón libre de miedos, es tener confianza implícita en el bien, lo duradero y la verdad. El miedo es lo único que hay que temer. No es la multitud acantonada en contra de ti, ni la confusión alrededor de ti a la que debes temer; es la falta de confianza en el bien mismo lo que debe preocuparte. Por medio de la visión espiritual interior, tú sabes que el bien por sí mismo es permanente y que todo el resto es transitorio. Sabes que lo correcto finalmente disuelve todo lo que se le opone. El poder del Espíritu es supremo, está por encima de todo antagonista. Por lo tanto, no debes apreciar el miedo, y cuando no temas ni odies, habrás entendido la unidad de la Vida.

Di:

Reconozco que el miedo no se asemeja a Dios porque contradice su Divina Presencia, repudia su Amor ilimitado, y niega el Bien infinito.

El Miedo no es una persona, lugar o cosa; es meramente un impostor en el que he creído. He pensado en él por tanto tiempo que parece como si realmente fuera algo.

Hoy repudio todo temor.

Renuncio a todo pensamiento de odio.

Entro a la unión consciente con el Espíritu.

Acepto el Bien como supremo, positivo y absoluto.

Con gozo me introduzco en las actividades del día; recuerdo sin pesar los eventos del ayer; y miro con confianza el mañana, porque hoy mi corazón no tiene miedo.

CAPÍTULO 34

Libera Tu Poder Espiritual Invisible

Todo en la naturaleza es una individualización de una Vida coordinada –una Presencia y una Ley del ser. Nuestras mentes se han llenado tanto de cosas que contradicen esto, que incluso la Verdad tiene que esperar por nuestro reconocimiento. Debemos aprender a hacernos conscientes de la Presencia Divina y del Poder Divino; la plenitud de la Verdad, del Amor y de la Razón. En lugar de girar en torno a pensamientos negativos, vivamos en medio de la paz y el gozo, descubramos el poder del Espíritu invisible trabajando ahora en nuestro interior y a través de nosotros, y adoptemos este descubrimiento con completa certeza.

Di:

Sé que soy un ser perfecto ahora, viviendo en perfectas condiciones hoy.

Sabiendo que solo el Espíritu es real, yo sé que existe un solo Poder que actúa y reacciona en mi experiencia, en mi cuerpo, y en mis pensamientos, por mi bien.

Yo sé que este reconocimiento establece por medio de la Ley, armonía en mi experiencia, prosperidad, una sensación de alegría, paz, salud y gozo.

Hoy me mantengo en comunión con esta Presencia invisible, que humaniza el mundo con la manifestación de Su vida, Su luz y Su amor.

Retiro el velo que esconde a mi ser verdadero, y me acerco al Espíritu en mi interior que está en todo y en todos.

Acepto todo lo que pertenece a este Espíritu.

Exijo todo lo que es parte de Su naturaleza.

CAPÍTULO 35

Expresa Tu Perfección Interior

Cuando subes una montaña en tu consciencia y elevas tu pensamiento por encima de la confusión de todo lo que parece estar desconectado y desasociado, te unificas con el patrón de la Causa espiritual que sostiene todas las cosas. En la medicina psicosomática y en el ajuste psicológico, la sugerencia de un patrón universal que sostiene todas las cosas, un patrón que debe ser perfecto en sí mismo y de sí mismo, es algo con lo que se trata de manera automática. Afirmar la perfección de Dios en todas las cosas, manifestándose en y por medio de cada una y todas las cosas, no es un enunciado ocioso.

Di:

Afirmo la perfección del Patrón Divino en el centro de mi ser.

Al reconocer Su realidad, yo permito que Su esencia fluya a través de mí, reclamándola como mía.

Al creer en Su plenitud, perfección y acción afirmativa, yo sé que todo en mi experiencia es conforme a Su naturaleza.

Al aceptar Su paz me siento en calma.

Al expresar Su amor, yo me unifico con la vida.

Al creer en Su poder, con fe infantil, acepto la autoridad de Su acción en mis asuntos cotidianos.

Hoy declaro la presencia y actividad del Espíritu en eso que yo soy, en mis relaciones con otros y en mi contacto con el mundo que me rodea.

CAPÍTULO 36

Cómo Encontrar Soluciones

Dios es la Presencia y el Poder que lo sabe todo y puede hacerlo todo. Y si pudieras llevar tu problema personal a ese pico en tu propia consciencia y sentir que la respuesta toma el lugar del problema, entonces el problema se resolverá. Necesitas saber que no hay nada en ti que pueda evitar que esto suceda; no hay ninguna duda o limitación en tu mente. Debes sentir que la respuesta está establecida en tu consciencia y es conocida por ti, ahora mismo, en tu experiencia presente. Para encontrar la solución al problema, suelta el problema y espera la respuesta con seguridad.

Di:

Sé que todos mis pensamientos y acciones son gobernadas por una Inteligencia superior.

Hay *algo* en mí que sabe qué hacer.

No solo sabe qué hacer sino que me lleva a actuar en función de lo que sabe.

Por lo tanto, todo lo que debo hacer, debo hacerlo; todo lo que deba saber, debo saberlo.

Ante cualquier problema o dificultad aparente que pueda enfrentar, acepto con confianza la guía Divina.

En este momento existe la solución correcta para todos mis problemas.

Hay una corriente de Vida interna, silencios y fluida y llevándome con seguridad y segura a mi destino apropiado y al logro de todos mis buenos propósitos.

CAPÍTULO 37

Alcanzando
Una Consciencia Elevada

Cuando Jesús habló de ser "elevado de la Tierra", él quiso decir que eso que es humano en ti debe unirse conscientemente con lo Divino. En las escrituras antiguas, la Tierra representó la forma de vida más baja, mientras que el cielo representó la más elevada. Este ascenso diario de tu pensamiento es necesario si deseas unirte, a ti mismo y a todo lo que estás haciendo, con el Divino, de manera que el Poder espiritual fluya a través de ti y de todos tus actos.

Di:

Ahora me vuelco hacia el Espíritu en mi interior.

Sé que Él es cercano a mí, trayendo gozo y felicidad a todos los que encuentro.

Por medio del Poder de este Espíritu que vive en mi interior, yo soy una bendición para mí misma y para otros.

Elevo toda mi mente al reconocimiento del Espíritu de Dios en mi interior, y a que este Espíritu perfecto es mi ser *verdadero*.

Invito al Espíritu a dirigir mis pensamientos y acciones, y acepto que Él lo está haciendo ahora.

Espero que nuevas ideas estimulen mi imaginación y me dirijan a nuevas formas de hacer las cosas.

Espero por nuevas circunstancias y situaciones.

La acción de la Inteligencia Divina en mí me impulsa a actuar por el beneficio mayor para mí y para otros.

CAPÍTULO 38

La No Resistencia:
La Clave Para La Real Victoria

Gandhi edificó toda su filosofía alrededor de la teoría de la no violencia. Un antiguo sabio chino dijo que todas las cosas son posibles para el que puede practicar perfectamente la inacción. Jesús dijo, "no te resistas al mal". Seguramente, alguna verdad debe estar contenida en estos simples pensamientos. De ser así —si hay una trascendencia espiritual de la consciencia que disuelve los problemas— entonces debemos aprender acerca de ella y aprender a usarla.

Piensa en un glaciar con los rayos del sol cayendo sobre él. Éste pronto se disolverá. Eso que era una obstrucción, pronto se hizo líquido. Tal vez ése es el significado de la trascendencia espiritual, la consciencia interior y el poder de la no violencia. Los grandes, los buenos y los sabios han sabido esto, y tú puedes saberlo también.

Di:

Hoy yo practico la no resistencia.

Dejando de lado todo lo que parezca contradecir la Realidad en la que creo, yo afirmo que la Realidad está operando en mi vida.

Evitando con resolución todo lo que niegue el bien que deseo experimentar, yo afirmo ese bien.

En medio del miedo, yo proclamo la fe.

Al centro de la incertidumbre, yo proclamo la seguridad.

En medio de la carencia, yo proclamo la abundancia.

Donde parece existir la infelicidad, yo anuncio el gozo.

No existe una situación o condición que se resista a estos pensamientos trascendentes, porque proclaman la omnipotencia de Dios, la guía Divina de la mente que puede lograrlo todo.

CAPÍTULO 39

Cómo Atraer Cosas Buenas

Tú estás atrayendo o repeliendo según tus actitudes mentales. Tú estás, ya sea identificándote con la carencia, con la abundancia, con el amor y la amistad, o con la indiferencia. No puedes evitar atraer a tu experiencia eso que corresponde a la suma total de tus estados de consciencia. Esta ley de la atracción y la repulsión funciona de manera automática. Es como la ley de la reflexión –el reflejo corresponde al objeto que se sostiene frente a un espejo.

Cuán cuidadoso debes ser entonces al proteger tus pensamientos, no solo velando por mantenerlos libres de duda y miedo –aceptando solo el bien– sino, repeliendo de igual manera, conscientemente, cada pensamiento que niegue ese bien.

Di:

Sé que el aceptar solo el bien en mi vida cala cualquier falsa creencia en mi mente, echa afuera todo temor, erradica las dudas y aclara obstáculos, permitiendo que lo que es duradero, perfecto y cierto, se manifieste.

Tengo fe y aceptación completas de que todas las valiosas ideas que estoy afirmando ahora serán cumplidas según he creído.

Hago todo con un sentido de confianza en la Ley de la Mente. Por lo tanto, yo sé que mi palabra no regresará a mí vacía.

Acepto esta palabra y me regocijo en ella.

Espero el cumplimiento completo y exitoso de los pensamientos de un bien mayor que he establecido ahora.

CAPÍTULO 40

Endereza Tu Vida

Por medio del pensamiento afirmativo eres capaz de aclarar tu mente de pensamientos negativos, temores y dudas. Debes hacerlo si vas a ser consciente de la Presencia, la Paz y la Armonía de Dios que está alrededor y dentro de ti. Todo el bien que quieres recibir espera por tu aceptación, pero no puedes experimentarlo mientras lo niegues. La clave del pensamiento afirmativo y la vida afirmativa es el patrón afirmativo estable de la creencia en que solo el Bien de Dios entra a tu vida.

Di:

Dios es todo Poder, toda Presencia y toda Paz.

Dejo ir ahora todo temor, toda duda y confusión, y vuelco mi pensamiento y atención hacia la creencia de que solo el bien está en mi experiencia.

Tengo suficiente fe para creer que Dios es Perfecto y que nada distinto a la Perfección puede ser Su deseo para la creación.

La paz y la felicidad, el gozo y la satisfacción siempre caminan conmigo.

Estoy rodeado por la acción afirmativa Divina y Ésta fluye por medio de toda mi experiencia.

Aparto pacientemente toda duda o temor que entra en mi mente, y acepto con resolución solo las cosas maravillosas del reino de Dios, aquí y ahora.

Dios es todo el Poder que existe, toda la Presencia que existe y toda la Vida que existe, y solo eso que es la naturaleza de Dios entra en mi vida.

CAPÍTULO 41

Conectando
Con el Gozo Interior

Eres parte de la Mente universal, uno con la Substancia universal. Tú vives, te mueves y tienes tu ser en el Espíritu puro. Toda la abundancia, el poder y la armonía de este Espíritu existe en el centro de tu ser. Experimentas este bien en el grado en que lo aceptes y lo sientas. Conforme entras en la vida, sintiendo la Presencia Divina en todo, escucharás más y más una Canción de Gozo cantando en el centro de tu ser. Solo tienes que estar quieto y escuchar esta Canción de Vida, porque está siempre ahí.

Di:

Al saber que la Presencia Divina está siempre más cerca de mí que mi propia respiración, no tengo nada que temer.

Siento esta protección amorosa alrededor de mí.

Sé que la Canción de Gozo, de Amor y de Paz, está entonando Su himno de alabanza y belleza en el centro de mi ser; por lo tanto, saco de mi mente toda idea infeliz y negativa.

Dirijo mi pensamiento al sol de la vida, a la brillantez y a la risa, a la presencia gozosa del Espíritu radiante.

Dejo a un lado toda ansiedad, toda lucha, y dejo al Divino Amor operar a través de mí en mis asuntos.

Anticipo gozosamente una mayor abundancia, más éxito y una paz más profunda.

El gozo se acumula en mi mente y la Vida entona su canción de éxtasis en mi corazón.

CAPÍTULO 42

El Enfoque Espiritual Sobre Hacer Dinero

El Espíritu llena todo el espacio y anima toda la forma, por lo tanto, el Espíritu es el verdadero actor en todo. Pero el Espíritu solo puede actuar por ti al actuar a través de ti. Esto simplemente significa que Dios solo puede darte lo que tomas. Conforme ingresas día a día a tu herencia Divina, con tu pensamiento y tu corazón, ingresas al ámbito de la Causa absoluta. Cree por completo que desde este lugar secreto del Más Elevado en tu interior, se proyecta una manifestación objetiva de todos tus legítimos deseos. ¿Estás realmente aceptando la abundancia? ¿Está tu pensamiento animando realmente tu experiencia con la idea de plenitud? ¿Estás afirmando que la Divina Substancia está fluyendo para siempre como provisión hacia ti?

Di:

Hoy alabo la abundancia de todas las cosas.

Animo todo con la idea de la abundancia.

Estoy recordando solo el bien; estoy esperando más bien; estoy experimentando el bien.

Acepto que el Espíritu está trabajando en todos lados.

Doy gracias porque la acción afirmativa del Espíritu está fluyendo hacia mi experiencia en un volumen cada vez mayor.

Existe *eso* en mi interior que ve, sabe y entiende esta verdad, que la acepta por completo.

Existe suficiente bien para circular.

Por lo tanto, no retengo ese bien de mí mismo o de otros, pero proclamo constantemente que la abundancia espiritual está fluyendo como provisión para siempre hacia cada uno y hacia todos.

Acepto ahora como mío todo lo que se necesita para hacer de mi vida una experiencia gozosa.

CAPÍTULO 43

Paz Personal... Paz Mundial

Una Armonía básica debe existir en el centro de todo, o el Universo mismo sería un caos. Tú ya sabes esto y lo crees; ahora vas a actuar en función de esto. No solo vas a creer en eso, vas a actuar como si fuera cierto, porque es cierto. Hay paz al centro de tu ser —una paz que puede ser sentida a lo largo del día y en el frío de la tarde cuando has regresado de tu trabajo y la primera estrella brilla en la suave luz del cielo. Anida sobre la Tierra silenciosamente, tiernamente, como una madre que cuida a su hijo.

Di:

En esta paz que me sostiene con tanta gentileza, encuentro la fuerza y la protección ante todo temor y ansiedad.

Es la paz de Dios, en la que siento el amor de la Santa Presencia.

Soy tan consciente de este amor, esta protección, que toda sensación de miedo se desvanece de mí como el rocío se desvanece con la luz de la mañana.

Veo el bien en todo, Dios personificado en todos, la Vida se manifiesta en todos los eventos.

El Espíritu no está separado de las personas o de los eventos; veo que Él lo une todo consigo mismo, vitalizando todo con la energía de Su propio ser, creando todo a través de Su propia Divina imaginación, rodeando todo con paz, quietud y calma.

Soy uno con esta paz profunda y duradera.

Sé que todo está bien.

CAPÍTULO 44

Acepta Solo el Bien

El bien en el que crees puede triunfar sobre cualquier mal que hayas experimentado. Tienes una sociedad silenciosa con el Infinito. Esta sociedad nunca ha sido disuelta; nunca podría serlo. Debes tener confianza implícita en tu propia habilidad, sabiendo que es la naturaleza del pensamiento el externalizarse a sí mismo en tu salud y tus asuntos, sabiendo que tú eres el pensador. Vas a dejar atrás definitivamente toda sensación de carencia y limitación, y declararás que la perfecta Ley de Dios funciona en, para, y a través de ti.

Di:

Tengo completa confianza en mi conocimiento y entendimiento de la Ley de la Mente.

No solo sé lo que es la Ley, sé cómo usarla.

Sé que obtendré resultados definidos por medio del uso de Ella.

Sabiendo esto, teniendo confianza en mi propia habilidad para usar la Ley y usándola diariamente con propósitos específicos, yo construyo gradualmente una fe inquebrantable, tanto en la Ley como en la posibilidad de demostrarla.

Por lo tanto, hoy declaro que mis pensamientos solo deben ser afirmativos, positivos y constructivos.

Hoy yo creo que "debajo están sus brazos eternos", y yo descanso en esta Divina convicción y en esta Divina seguridad.

Yo sé que no solo está todo bien con mi mente y mi cuerpo, sino que todo está bien también con mis asuntos.

CAPÍTULO 45

Teniendo Un Cuerpo Sano

Tu cuerpo, cada parte de él, es una manifestación del Espíritu. Su patrón perfecto en la Mente de Dios no puede deteriorarse. Este instante, la vitalidad Divina que fluye constantemente a través de ti, toma forma como células perfectas, plenas, íntegras. Cada célula de tu cuerpo es fuerte y saludable, llena de vida, vitalidad y fortaleza. Tu cuerpo, Espíritu en forma, no conoce el tiempo, no conoce el grado; solo sabe expresarse completa e instantáneamente.

Di:

Reconozco que está en mi interior y que Es lo que yo soy.

Permito que este reconocimiento de la Divinidad que vive en mí, fluya a través de toda mi consciencia.

Permito descender y alcanzar toda la profundidad de mi ser.

Me regocijo en mi Divinidad.

Ahora soy vigoroso, robusto y mentalmente creativo.

Soy fortalecido con la perfección de Dios y la acción afirmativa.

Soy sano y mi cuerpo es capaz.

La Vida de Dios es mi vida.

La Fortaleza de Dios es mi fortaleza.

La Mente de Dios es mi mente.

Cada inspiración que tomo me llena de perfección; me revitaliza, me reconstituye y renueva cada célula de mi cuerpo.

He nacido en el Espíritu y del Espíritu, y yo soy Espíritu manifiesto en este instante.

CAPÍTULO 46

El Espíritu Ya Está Dentro de Ti

El Espíritu de Dios es un Todo no dividido e indivisible. Llena todo el tiempo con Su presencia, e impregna todo el espacio con la actividad de Su pensamiento. Tu tarea, por lo tanto, no es tanto encontrar a Dios, como es reconocer Su Presencia y entender que Su Presencia está siempre en ti. Nada puede estar más cercano a ti que la propia esencia de tu ser. Tu búsqueda externa de Dios culmina en el más grande de todos los posibles descubrimientos –encontrarlo en el centro de tu propio ser. La Vida fluye, ascendiendo en tu interior.

Di:

Sé que mi búsqueda terminó.
Soy consciente de la Presencia del Espíritu.
He descubierto la gran Realidad.
Estoy despierto al reconocimiento de esta Presencia.
Solo hay Una Vida.
Hoy la veo reflejada en toda forma, tras cada semblante, moviéndose detrás de cada acto.
Sé que la Presencia Divina está en todas partes.
Saludo el bien en todo.
Reconozco al Dios-Vida respondiéndome a través de cada persona que encuentro, en cada evento que sucede, en cada circunstancia en mi experiencia.
Siento el calor y el color de esta Presencia Divina, apretándome desde fuera por siempre, inundándome por dentro y por siempre –la fuente del Eterno Ser, presente ayer, hoy, mañana y siempre.

CAPÍTULO 47

Reclama Tu Plenitud

En la Mente de Dios hay un patrón de perfección para tu cuerpo, sin importar la condición negativa que exista ahora en tu cuerpo físico. Si no fuera así, nunca hubiese sido creado, para empezar, o sostenido y renovado. Tu vida es Dios. Tu salud es la expresión de la Perfección del Espíritu en tu interior. Cuando reconoces que hay un Río de Vida en tu interior, que fluye desde la Fuente Externa de Toda Vida, tienes que abrir tu mente y aceptar todo el influjo de su Poder dador de vida.

Di:

Ahora afirmo que todos mis órganos, todas las acciones y funciones de mi cuerpo físico, son animados por el Espíritu vivo.

Existe una Mente perfecta que dirige mis pensamientos, una Plenitud completa que sustenta mi ser, una circulación Divina que fluye a través de mí.

Día y noche reconozco que la Vida Divina fluye a través de mí, renovando cada célula de mi cuerpo según la imagen de Su propia perfección. Doy gracias por este Poder silencioso que me sostiene y le digo a mi propia mente: "Debes creer en este Poder. Debes aceptar este Poder. Debes permitir que fluya a través de ti, porque eres uno con Él. No existe ningún otro poder, ninguna otra presencia y ninguna otra vida; por lo tanto, todo el Poder que existe, toda la Presencia que existe, y toda la Vida que existe, te sostienen ahora y seguirán sosteniéndote".

CAPÍTULO 48

Usando el Poder Mental
Dentro de Ti

Es posible que hayas estado usando el poder de tu mente para producir esa misma limitación de la que deseas liberarte. Al reconocer que puedes haberlo estado haciendo por ignorancia, no tienes que condenarte a ti mismo o a nadie más. Consciente del hecho de ser hijo de Dios, como lo son todas las personas, necesitas expresar tu herencia Divina. Según tu pensamiento se adecúe al patrón de tu más elevado concepto de Perfección espiritual, tu vida reflejará tales pensamientos.

Di:

Hoy, al reconocer que mi vida es realmente un reflejo de lo que pienso, permito al Espíritu en mi interior guiarme y dirigir mis pensamientos y emociones.

El influjo Divino me refresca día a día, y me siento saturado con la Esencia de la Vida Misma; la siento fluyendo en y a través de mí.

Ahora sé que soy un instrumento perfecto en la Sinfonía Divina de la Vida a tono con Su Armonía y Perfección.

Mi cuerpo es un instrumento en, por medio del cual, y sobre el cual la Vida toca una Armonía Divina y Perfecta.

No busco otros poderes, porque existe solo un Poder, el Poder que voy a usar, el Poder que ya sé que posee la eternidad y que está al centro de mi vida.

Sé que este Poder sana ahora toda circunstancia negativa, supera todo obstáculo y me libera de toda condición falsa. Y así es.

CAPÍTULO 49

Liberándote
De Malas Influencias

El reino de Dios está cerca. Las riquezas, el poder, la gloria y la grandiosidad de este reino son tuyos hoy. No le robas a nadie al entrar a la plenitud de tu reino de gozo, tu reino de abundancia. Pero debes reconocer que todas las personas pertenecen al mismo reino. Simplemente reclama para ti lo que quisieras que el Espíritu Divino de a todos.

Lo eterno es colmado para siempre de la Presencia de la Vida perfecta. Siempre has sido y serás para siempre, una expresión completa y perfecta de la Mente eterna, que es Dios, el Grandioso Espíritu vivo. Tú eres una creación del Espíritu y tienes linaje Divino.

Di:

Hoy entro en las ilimitadas variedades de la auto-expresión que el Espíritu Divino proyecta en mi experiencia.

Sabiendo que toda experiencia es un juego de la Vida sobre Sí Misma, el Amor brotando en auto-expresión, el Bien dándose en el gozo de Su propio ser, yo entro al juego de la vida con anticipación gozosa y entusiasmo.

Hoy entro en mi Divina herencia, liberando mi pensamiento de la creencia según la cual, las condiciones externas indeseadas impuestas sobre mí son necesarias e inmutables.

Yo declaro la libertad de mi linaje Divino, y bebo de la plenitud que la Vida tiene para ofrecer.

CAPÍTULO 50

Sanando Lo Que Debe Sanar

Necesitas desarrollar un entendimiento de que, a pesar de ser tu cuerpo real y tangible, con forma y bordes definidos, está al mismo tiempo hecho de alguna forma de un "algo" vivo saturado del Dios-Vida. Lo que sea ese algo, es de lo que tu cuerpo está hecho, y a pesar de ser llamado material, debe realmente estar hecho de la Esencia de lo que todo está hecho. Por lo tanto, debes sentir al interior de las mismas células y tejidos, una Eternidad.

Di:

Reconociendo que el Espíritu en mí es Dios, siendo completamente consciente de su Divina Presencia como el Principio que sustenta mi vida, abro mi pensamiento a Su influjo.

Abro mi consciencia a Su emanación, que lleva con Ella todo el poder del Infinito.

Sé que estoy trayendo silenciosamente a mi experiencia hoy y todos los días, una medida cada vez mayor de vitalidad, salud, gozo y armonía.

Guiado divinamente, todo lo que pienso, digo y hago se mueve hacia la acción afirmativa, la acción productiva, la creciente acción.

Mi patrón invisible perfecto ya existe.

Mi fe, tomando de su propia fuente, hace que eso que era invisible se haga visible.

La armoniosa acción de la Vida impregna ahora cada parte de mi ser y mi experiencia.

Todo el bien que existe es mío ahora.

CAPÍTULO 51

¡La Perfección Física Es Tuya Ahora!

Tu cuerpo es el templo del Espíritu Vivo. Tu vida es espiritual porque el Espíritu de Dios ha entrado a tu ser. El Ser supremo, siempre presente, existe en el mismo centro de tu pensamiento. Esta Presencia en tu interior tiene el poder de renovar todas las cosas.

Di:

Sé que la perfecta Vida de Dios está en y a través de mí, en cada parte de mi ser.

Así como el sol disuelve el rocío, así mi aceptación de la Vida disuelve todo dolor y discordia.

Éste reconfigura y recrea mi cuerpo según el patrón Divino que existe en la Mente de Dios.

Incluso ahora, el Espíritu vivo está fluyendo a través de mí. Abro ampliamente la puerta de mi consciencia a Su Influjo.

Permito a mi cuerpo físico recibir el flujo del Espíritu en cada acción, función, célula y órgano. Sé que todo mi ser manifiesta la vida, el amor, la paz, la armonía, la fortaleza, y el gozo del Espíritu que vive en mí, que está encarnado en mí, que es todo mi ser.

Reconozco que todo el Poder y la Presencia que existen me arropan en Su eterno abrazo; que el Espíritu me imparte para siempre su Vida.

Sé que el Espíritu en mi interior es mi fuerza y mi poder.

CAPÍTULO 5 2

¿Por Qué Ser Incompleto En Un Universo Completo?

Tú eres una parte del Todo Divino, y el Poder y la Presencia del Espíritu están en la palabra que pronuncias, y esa palabra hace que todo sea pleno instantánea, perfecta y permanentemente. Sé consciente de que eres una individualización del Espíritu –que es la Fuente de la plenitud, el amor, la razón y la inteligencia. Descárgate de cualquier y todo pensamiento que lo niegue. Conoce, silenciosa pero efectivamente, que el Poder Divino del Espíritu invisible trabaja en ti, aquí y ahora.

Di:

Asumo este reconocimiento con completa certeza.

Reconozco que soy un ser perfecto, viviendo en condiciones perfectas, sabiendo que solo el Espíritu es real.

También sé que la Mente, por sí misma, es la única cosa que tiene algún poder para actuar o para reaccionar.

Todo lo que pienso, digo o hago hoy debe ser pensado, dicho o hecho desde el punto de vista espiritual de Dios en todo.

Mi reconocimiento de este Poder es suficiente para neutralizar toda falsa experiencia, enderezar lo torcido, y suavizar las asperezas.

Definitivamente sé que este reconocimiento establece armonía en mi experiencia, así como prosperidad y un sentido de felicidad y salud.

Al descartar y soltar ahora toda idea contraria, yo experimento plenitud completa.

CAPÍTULO 53

El Secreto Para Una Buena Salud Física

La Vida es eternamente nueva. Eres uno con la Vida, y el Espíritu está creando continuamente en ti y a través de ti. No existe la oscuridad, desesperación o decepción en la Mente que lo crea todo. Pero nosotros los humanos hemos encontrado muchas maneras retorcidas para privarnos del Bien abundante que está siempre disponible para nosotros. Tu mente y pensamiento contienen la clave para vivir exitosamente. Tú eres el capitán de tu alma.

Di:

Tengo la voluntad para estar bien, feliz, y para vivir con alegría.

Afirmo que existe solo el reflejo de la buena salud en mi experiencia.

Estoy viendo este bien, creyendo en él, pensando en él, y esperando que continúe.

Todo lo que hago, lo hago con alegría.

Acojo a todos los que encuentro con pensamientos de amor.

Reconociendo que tengo mis raíces en el Espíritu puro, remonto mi vida y mi ser hasta su Fuente original, y sé que toda actividad de mi cuerpo físico está ahora en perfecto ritmo con la Vida Perfecta y Única.

Todas mis ideas contrarias son descartadas, eliminadas. En su lugar se ha establecido la total convicción que mi cuerpo es el templo del Dios vivo.

En este momento, conforme el Amor de Dios me impregna, soy hecho nuevo y pleno.

¡La Vida de Dios es mi vida ahora!

CAPÍTULO 54

Agregando Nuevo Significado
A La Vida

Es imposible para ti aceptar aquello que tu mente se rehuse a aceptar. Si deseas recibir más, tienes que desarrollar conscientemente la habilidad para comprenderlo mentalmente. Haces tu vida vil y pequeña, limitando sus posibilidades cuando te rehusas a aceptar el regalo completo de Dios. Cuando abras tu consciencia a una mayor receptividad ante lo Divino, a un concepto engrandecido del bien que puede inundar tu experiencia, la vida tomará un sentido maravilloso y nuevo.

Di:

Ahora puedo decirme a mí mismo que mis pensamientos están colmados solo de una mayor expectativa por una vida más plena.

Mi pensamiento se expande ahora, y sé que un bien mayor que cualquiera que haya concebido nunca está llegando a mi experiencia.

Sin reservas, creo esto y acepto que lo es.

Mi mente y mi cuerpo están continuamente abiertos al influjo Divino de todo lo que aporte una vida de vitalidad y de gozo.

La acción afirmativa silenciosa pero segura de Dios, reajusta suavemente todo en mi vida cuando dejo ir la ignorancia, la duda y el miedo.

Al limpiar ahora mi mente de pensamientos que contradicen mi bien mayor, y al convivir solamente con aquellas ideas que crean salud, plenitud y felicidad, la abundancia del reino de Dios llena todos los momentos de todos mis días.

No Permitas Que Nada
Se Interponga en Tu Camino

Todo en el universo es una individualización o expresión de la Cosa Única, que es la Causa de todas las cosas. Debes tomar consciencia de que el único Poder creativo se está expresando en ti de una forma única, y que está siempre presionándote para que busques una salida más amplia a Sus posibilidades infinitas. No tienes que imitar o competir porque eres una Creación especial de Dios, como lo son todos los demás, y tienes total acceso al potencial ilimitado de la Inteligencia infinita.

Di:

Hoy practico ser yo mismo, y busco revelar de manera más completa el milagro de la Vida. Descubro un placer más completo en la vida y en la maravilla del Ser que brota continuamente en mi interior.

Pienso simple y directamente desde el centro de mi ser, que es Dios, el Espíritu vivo.

Entro en la fe de creer, el gozo de saber y el acto de vivir –que proclaman el Poder único y la Presencia única en todas las cosas.

Hoy, como lo haría un niño, acepto esta Presencia que me responde de una manera personal, cálida y colorida. Me colma de vitalidad, abre mi mente a vistas más amplias y me impregna el amor por toda la vida.

Al aceptar ahora mi sociedad con el Infinito, descubro una nueva libertad.

Mis pensamientos se elevan, mis experiencias se expanden y un gozo infinito llena mi ser.

CAPÍTULO 56

Lidiando Con el Miedo
A la Muerte

La Vida ha puesto un sello de individualidad en ti. Eres diferente a todas las otras personas que jamás vivieron. Eres un centro individualizado en la Consciencia de Dios. Eres una actividad individualizada en la Acción de Dios. Tú eres tú, y tú eres eterno. Por lo tanto, no esperes por la inmortalidad. La resurrección a la vida es hoy. Empieza a vivir hoy como si fueras un ser inmortal, y todo pensamiento de muerte, todo temor al cambio, se desvanecerá en ti. Saldrás de la tumba de la incertidumbre hacia la luz del día eterno.

Di:

Yo sé que cada aparente muerte es una resurrección; por lo tanto, muero alegremente a todo lo que no se parece a Dios.

Silenciosamente, paso de menos a más, del aislamiento a la inclusión, de la separación a la unidad.

Hoy, reconociendo que no hay nada en mi pasado que pueda levantarse en mi contra, nada en mi futuro que amenace el desenvolvimiento de mi experiencia, sé que la vida será una aventura eterna.

Revelo en la contemplación del futuro inconmensurable, el camino hacia el eterno progreso, la infinidad de mi propio ser, lo continuo de mi alma, la energía renovada diariamente, y la acción de la Divinidad en mi interior que ha fijado para siempre la imagen del Ser individualizado en mi mente.

CAPÍTULO 57

El Poder Universal es Tuyo Para Usar

La Presencia creativa y totalmente inteligente, es la fuente de todo lo que eres. Necesitas creer en la habilidad y voluntad de esta gran Fuente para mantener Su propia creación. El Reino, el Poder y la Gloria de Dios, se expresan a través de ti. Reconócete a ti mismo como el centro por medio del cual la Inteligencia y el Poder del universo encuentran expresión. La Mente Infinita, operando a través de ti, puede llevarte a la manifestación de la armonía, el orden y el bien mayor. A través de Ella, la consciencia de paz y plenitud está establecida en ti. Todo lo que necesitas para tu felicidad y bienestar pertenece a tu experiencia.

Di:

No puede haber limitación ni escasez en mi vida, porque nada le ha pasado a la Actividad única y perfecta.

Al ésta fluir libremente en mi ahora, me libero de toda sensación de atadura.

Todo el poder me es otorgado desde lo Alto.

Sabiendo esto, soy fuerte con la fortaleza del Poder del universo que lo vitaliza todo.

Soy sustentado e inspirado por una corriente Divina de Espíritu-Energía, que fluye a través de mí como entusiasmo e ideas vitales.

Cada aspecto de mi mente responde a este flujo espiritual.

La creatividad y la inspiración son mi derecho por nacimiento Divino, y los expreso ahora en su total plenitud.

CAPÍTULO 58

Cómo Lograr Cosas Que Valen la Pena

Si entregas todo tu ser al Espíritu Divino, sabiendo que desde tu propio ser humano no puedes hacer nada, dejas ir ese ser que es impotente. Te sacudes de tu debilidad, sus miedos, sus dudas, sus malos entendidos y sus incertidumbres, y regresas tu pensamiento a ese centro Divino en tu interior, que es Dios.

Llega a creer en el poder y la presencia del Espíritu en tu interior. Acepta Su poder y permite Su guía. Siente que estás hablando desde este centro de certeza Divina en tu interior cuando dices: "Hay una Vida, esa Vida es Dios, esa Vida es mi Vida ahora".

Di:

Sé que hay una Presencia de Perfección en el centro de mi ser.

Siento la Vida Divina fluyendo a través de mí, animando cada átomo de mi ser.

Y siento que todo lo demás es una naturaleza similar –todos vivimos, nos movemos y tenemos nuestro ser en Dios.

Ahora afirmo con completa aceptación, que la Inteligencia que creó todas las cosas, me está liderando y guiando hacia el logro de todo bien y propósito de valor.

Esta Presencia existe en el mismo centro de mi ser y fluye a través de mí, estableciendo alegría, gozo, abundancia, vida armoniosa y uso constructivo del poder de mi mente. Ahora estoy abierto a nuevas ideas, nuevas esperanzas y nuevas aspiraciones.

CAPÍTULO 59

El Secreto
De La Vida Gozosa

Necesitas despertar a un nuevo gozo de vivir. Sea lo que sea que haya habido, de temor, duda o incertidumbre en el pasado, reconoce que hoy es un nuevo comienzo. Tu mundo puede renovarse desde este momento.

Ten la voluntad de estar bien, de estar feliz, y de vivir en gozo. Reconoce que nada en tu pasado puede negar tu privilegio a una vida feliz, y nada en el futuro puede traerte otra cosa que no sea gozo. Aprende a encontrar solo bien en tu experiencia diaria. Al descubrir tu bien diario, y creer y pensar en él, tendrás la expectativa de que continúe.

Di:

Reconociendo que mi raíz se encuentra en el Espíritu puro, remonto mi vida hasta su Fuente original, y encuentro que cada actividad de mi mente y de mi cuerpo está en ritmo con la única y perfecta Vida.

Esta Vida circula a través de mí ahora, eliminando todo lo que no pertenece.

Torna perfecta ahora cada acción de asimilación, circulación y eliminación en mi cuerpo.

Teniendo la voluntad de vivir en gozo y plenitud, estoy en paz con el mundo alrededor de mí.

Mi deseo es vivir y dejar vivir, dar y perdonar, y ver en cada persona que encuentre, la semejanza Divina.

Al dejar ir ahora toda sensación de depresión o limitación, soy elevado hasta una nueva forma de vida por el Dador de Toda Vida.

Mi corazón canta una canción de felicidad y libertad.

CAPÍTULO 60

Estableciendo La Paz Mental

Divina Presencia es lo ya que eres y Ésta contiene la posibilidad de todo el gozo de vivir. No debes tener ningún pensamiento que limite tu experiencia de una buena vida. Nada en ti puede separarte de la Divina Presencia, aunque tienes la capacidad de inhibir este flujo a través de ti de muchas maneras. Aun así, la mayor posibilidad de conocer el Amor de Dios, un mayor gozo de vivir y una mejor vida, es tuya por aceptarla.

Di:

Afirmo que el Espíritu en mi interior está siempre guiándome en el camino de la vida gozosa.

Está por siempre dirigiendo mis pensamientos, mis palabras y mis acciones hacia canales constructivos de auto-expresión.

Está por siempre uniéndome con los otros en el amor, la gentileza y la consideración.

Vivo, me muevo, y tengo mi ser en el infinito océano de la Vida perfecta, en la Divina Presencia de la que no puedo separarme.

Acepto la Divina Presencia como la gran Realidad.

Sé que el reino de Dios está en mí.

Tengo completa confianza en que la Ley de la Mente manifestará en mi experiencia todos mis buenos deseos.

Todo lo necesario para mi felicidad está ahora establecido en la Mente y se convierte en un hecho establecido en mi experiencia.

CAPÍTULO 61

Encuentra la Paz Dejando
Ir los Problemas

Conforme aprendas a entregar todas tus cargas a la acción afirmativa de Dios, encontrarás que todo cae en su lugar apropiado. Dejas que tus problemas se deslicen fuera y lejos de ti, reconociendo que un Poder mayor a ti, y una Presencia en tu interior están listos y dispuestos, y son capaces de guiarte en todas las formas. Entonces la paz, la seguridad y la plenitud llegan con facilidad, y existe una sensación de gozo y logro.

Di:

Ahora suelto todo pensamiento de miedo, duda e incertidumbre, conociendo que la infinita Inteligencia del Espíritu en mi interior sabe qué hacer y cómo hacerlo, y lo hace con facilidad.

Esta Inteligencia me guía en todo pensamiento y acto.

Todo lo que haga debe ser un placer y prosperará.

Todo encuentro mío con otros, debe ser un placer para todos.

La acción afirmativa que se manifiesta en mi vida también trabaja para todo el resto.

Amando, sé que soy amado.

Dando, sé que la Vida me dará de regreso.

Alcanzando en mi interior aquello que es Divino, ahora invito a la Presencia de Dios darse a conocer a través de mí, trayendo alegría y felicidad a mi vida, y a la vida de los que me rodean.

Descansando en fe y quieta calma, ahora sé que debe haber solo alegría y gozo en toda situación en la que me encuentre.

CAPÍTULO 62

¡Posibilidades Más Grandes Son Tuyas Ahora!

Siempre hay a tu disposición una posibilidad más grande. Existe una Fortaleza Divina y una Sabiduría infinita en el centro de tu ser, esperando siempre ser liberadas. Ellas te darán la capacidad para poner más a tu vida y a tu vivir, y también para tomar más. Una Creatividad ilimitada se expresa por medio de todo lo que es, y está siempre buscando un canal más amplio de expresión a través de ti. Reconoce que Éste existe, y acepta Su acción en tu vida.

Di:

Ahora elevo todo mi pensamiento al influjo de la Divina Fortaleza y la Sabiduría infinita.

Sé que estoy en una sociedad silenciosa con Dios hoy, mañana y todos los días.

Acepto la acción y dirección creativas del Espíritu en mi interior.

Sé que nuevas puertas están abiertas, que nuevas oportunidades para la auto-expresión se están presentando ahora.

Nuevas ideas están llegando a mi mente.

Me estoy encontrando en situaciones nuevas.

Tengo la expectativa de lograr y alcanzar.

La Inteligencia Divina fluye a través de mí, me inspira, me dirige hacia metas de iniciativas creativas cada vez más valiosas.

Dios me guía de todas las formas, y nuevos horizontes de vida gozosa se abren ante mí.

Acepto la totalidad de la Vida en este momento.

CAPÍTULO 63

Cómo Encontrar
La Armonía

Vives en la casa de Dios, como el resto de las personas. La casa de Dios está llena de personas de origen Divino, cuya divinidad te será revelada si lo permites. Cuando ves la divinidad en ellas, ellas tienden a ver la divinidad en ti, porque ésta es la forma de la vida. Todos responden ante ti según tu reconocimiento de ellos.

En el hogar de Dios no hay celos, vileza o pequeñez. Es un hogar de gozo, un lugar de alegría y satisfacción. Hay calidez, color y belleza. Vistas bajo esta luz, tus experiencias y asociaciones terrenales negativas, son en gran medida lo que tú has hecho de ellas, en lugar de ser lo que pudieron haber sido si hubieses dejado a Dios manejar las cosas.

Di:

Sé que en la casa de experiencias en donde vivo, el anfitrión es Dios, y todas las personas, invitados.

La invitación ha sido escrita eternamente para que todos entren y vivan ahí como los invitados del Anfitrión eterno, en gozo, integridad y amistad.

Ahora acepto completamente mi obligación Divina para expresar solamente amor y apreciación, a y por, todos los que encuentro, sabiendo que lo que pienso, digo y hago, regresa a mí.

Permito que el Amor Divino opere a través de mí, en mis asuntos cotidianos.

Ahora, solo relaciones armoniosas, alegres y mutuamente beneficiosas llenan mi vida.

Me regocijo en la Divina Armonía que me rodea.

CAPÍTULO 64

Unidad Con Toda la Vida

Vives porque la Vida vive en ti. Te mueves porque una Energía universal fluye a través de ti. Piensas, porque una Inteligencia Infinita piensa a través de ti. Existes porque el Espíritu Divino busca individualizarse a Sí Mismo, en y como tú. Ésta es la razón por la que eres llamado el templo del Dios Vivo. Existe una chispa Divina en el centro de tu ser. Pero debes reconocerla, creer en ella y actuar según tu creencia.

Di:

Ahora reconozco mi derecho por nacimiento Divino.

Conscientemente entro en mi sociedad con Dios, en gozo, con amor y una sensación de paz.

Sé que vivo, me muevo y tengo mi ser en la Vida del Espíritu.

Dios busca expresarse a través de mí de una forma diferente a la de cualquier otro.

Ahora acepto mi responsabilidad por ser lo que verdaderamente soy, y vivo a la altura de lo que la Vida busca ser a través de mí.

Existe un lugar en mi mente que se fusiona con la Mente de Dios, y ahora tomo poder e inspiración de él.

El resplandor de la Presencia de Dios me envuelve.

En este conocimiento de la Unidad con Dios, todo en mi vida es constructivo, da vida, es bendecido y prospera.

Otros libros
de DR. ERNEST HOLMES

Cómo Usar la Ciencia de la Mente

Una guía práctica y concisa dedicada en particular a los maestros y practicantes. Todos los estudiantes de la Ciencia Religiosa y la Filosofía lo encontrarán útil.

Ese Algo Llamado Vida

Basado firmemente y con gran cuidado en las enseñanzas de Jesús y de otros grandes guías espirituales y filósofos, *Ese Algo Llamado Vida* es un compendio de la práctica de la fe por medio de la cual se pueden resolver directa, simple y efectivamente los problemas de toda clase.

Este Algo Llamado Tú

Este volumen cubre el campo de la psicología espiritual moderna respecto a la relación del individuo con la vida. Con gran frecuencia se encuentran en sus páginas ejercicios de inspiración o meditación para uso personal a fin de obtener ayuda y alivio que pueden ser aplicados de inmediato por el lector. De esta forma cubre el campo de la meditación inspiradora para que pueda ayudarse a sí mismo en forma directa y simple.

La Ciencia de la Mente

Esta publicación monumental entre las obras de motivación e inspiración de la última mitad de este siglo, es no sólo un libro de texto y de referencia definitivo, sino que también provee una lectura inspiradora que satisface la variedad de las necesidades humanas. Y es compañero esencial de las otras obras de la Ciencia Religiosa.

Lo Esencial de Ernest Holmes

Posiblemente nos encontremos con las mismas ideas expresadas en numerosas y diferentes formas de un libro a otro, pero son ideas extraordinarias, y mientras más las escuchemos probablemente más les permitimos que transformen nuestras creencias acerca del mundo y de cómo funciona. Cuando las encontramos quedamos por lo menos un poco más en paz, un poco más felices, y cuanto más captamos, nuestras vidas se transforman completamente.

Mente Creativa y Éxito

Volumen admirable, compañero de LA MENTE CREATIVA. Sin ser repetitivo, el Dr. Holmes ha investigado nuevamente las leyes y principios básicos de Ciencia de la Mente y ha deducido de ellos qué pasos son necesarios para adquirir el éxito y la prosperidad. Fijando como premisa que el pensamiento correcto debe, por necesidad, producir el éxito, el autor procede a mostrar cómo el estudiante puede usar el pensamiento correcto para obtener lo que desea.

Palabras Que Sanan Hoy

Basado en las palabras de Jesús y su discípulo Pablo, este libro muestra la efectividad en la vida moderna de las enseñanzas del genio espiritual más grande de todos los tiempos.

¿Podemos Hablar con Dios?

Te ofrece un marco para la oración que es compatible con la religión tradicional. Este libro establece la enseñanza de Ernest Holmes llamada la Ciencia de la Mente, que es una síntesis de las grandes ideas sobre religión, ciencia y filosofía. Este volumen contiene también el texto del libro de Holmes La Oración Efectiva. Si te preguntas, ¿Puedo Yo hablarle a Dios?, entonces debes leer este libro. No solamente responde con un sonoro SÍ, sino que también te enseña la manera de hacerlo.